乡村文化振兴实践创新与研究

王 娜 苏继赢 ◎ 著

吉林出版集团股份有限公司

版权所有　侵权必究

图书在版编目（CIP）数据

乡村文化振兴实践创新与研究 / 王娜，苏继赢著
. — 长春：吉林出版集团股份有限公司，2024.3
ISBN 978-7-5731-4894-0

Ⅰ. ①乡… Ⅱ. ①王… ②苏… Ⅲ. ①农村文化－文化事业－建设－研究－中国 Ⅳ. ①G127

中国国家版本馆CIP数据核字（2024）第079270号

乡村文化振兴实践创新与研究
XIANGCUN WENHUA ZHENXING SHIJIAN CHUANGXIN YU YANJIU

著　　者	王　娜　苏继赢
出版策划	崔文辉
责任编辑	侯　帅
封面设计	文　一
出　　版	吉林出版集团股份有限公司
	（长春市福祉大路5788号，邮政编码：130118）
发　　行	吉林出版集团译文图书经营有限公司
	（http://shop34896900.taobao.com）
电　　话	总编办：0431-81629909　营销部：0431-81629880/81629900
印　　刷	北京昌联印刷有限公司
开　　本	787mm×1092mm　1/16
字　　数	220千字
印　　张	13.5
版　　次	2024年3月第1版
印　　次	2024年3月第1次印刷
书　　号	ISBN 978-7-5731-4894-0
定　　价	79.00元

如发现印装质量问题，影响阅读，请与印刷厂联系调换。电话：010-82751067

前　言

在乡村振兴战略的大背景下，乡村文化的振兴与创新不仅关乎乡村的精神文明建设，更是推动乡村全面振兴的重要支撑。乡村文化作为乡村社会的重要组成部分，承载着丰富的历史记忆、传统智慧和乡土情感，是乡村发展的独特资源和宝贵财富。因此，深入研究和探索乡村文化振兴的实践创新路径，对于推动乡村文化的繁荣发展、促进乡村社会的全面进步具有重要意义。

随着现代化进程的加速推进，乡村文化面临着前所未有的挑战和机遇。一方面，城市化、工业化的快速发展使得乡村文化的传承与发展受到一定程度的冲击；另一方面，乡村振兴战略的提出为乡村文化的振兴与创新提供了新的契机和平台。乡村文化振兴不仅是乡村振兴战略的重要内容，更是推动乡村全面振兴的重要支撑。通过乡村文化的振兴，可以激发乡村居民的归属感和自豪感，增强乡村社会的凝聚力和向心力；同时，乡村文化也可以为乡村产业的发展提供新的动力和增长点，推动乡村经济的繁荣与发展。

在乡村文化振兴的实践创新中，我们需要从多个方面入手，探索符合乡村实际、具有可操作性的路径。首先，要深入挖掘乡村文化的内涵和价值，传承和弘扬乡村文化的优秀传统，同时注重与现代文化的融合与创新。其次，要加强乡村文化基础设施建设，提升乡村文化的传播力和影响力。通过建设乡村图书馆、文化活动中心等设施，为乡村居民提供丰富多彩的文化活动和学习机会。此外，还要注重乡村文化人才的培养和引进，为乡村文化的发展提供有力的人才保障。

由于笔者水平有限，本书难免存在不妥甚至谬误之处，敬请广大学界同人与读者朋友批评指正。

目　录

第一章　乡村文化的历史脉络与现状 ... 1
第一节　当前乡村文化的现状 ... 1
第二节　乡村文化的重要性与价值 ... 8
第三节　乡村文化面临的挑战与机遇 ... 15
第四节　乡村文化振兴的紧迫性 ... 21

第二章　乡村文化振兴的理论基础 ... 28
第一节　文化振兴的相关理论 ... 28
第二节　乡村文化振兴的战略定位 ... 34
第三节　乡村文化振兴的基本原则 ... 41
第四节　乡村文化振兴的路径选择 ... 48

第三章　乡村文化产业的培育与发展 ... 55
第一节　乡村文化产业的概念与特点 ... 55
第二节　乡村文化产业发展的现状与趋势 ... 63
第三节　乡村文化产业的创新模式 ... 70
第四节　乡村文化产业与乡村振兴的融合 ... 77

第四章　乡村文化活动的组织与推广 ... 85
第一节　乡村文化活动的种类与形式 ... 85
第二节　乡村文化活动的组织与策划 ... 93
第三节　乡村文化活动的宣传与推广 ... 99

  第四节 乡村文化活动的效果评估与反馈 106

第五章 乡村文化网络的建设与应用 113

  第一节 乡村文化网络的意义与价值 113

  第二节 乡村文化网络的内容与功能 120

  第三节 乡村文化网络的应用与推广 126

  第四节 乡村文化网络的安全与管理 133

第六章 乡村文化振兴的社会参与 141

  第一节 政府在乡村文化振兴中的角色与责任 141

  第二节 企业在乡村文化振兴中的角色与贡献 148

  第三节 社会组织在乡村文化振兴中的作用与机制 157

  第四节 个人在乡村文化振兴中的参与与贡献 165

第七章 乡村文化振兴的未来展望 173

  第一节 乡村文化振兴的发展趋势与预测 173

  第二节 乡村文化振兴的战略规划与布局 181

  第三节 乡村文化振兴的创新点与突破点 188

  第四节 乡村文化振兴的保障措施与支持体系 194

  第五节 乡村文化振兴的美好愿景与期待 201

参考文献 209

第一章 乡村文化的历史脉络与现状

第一节 当前乡村文化的现状

一、乡村文化资源的丰富性

乡村文化振兴的实践创新,离不开对乡村文化资源的深入发掘和充分利用。乡村文化资源的丰富性,不仅体现在其历史底蕴的深厚,还表现在其表现形式的多样、内涵价值的独特以及传承方式的创新。这些丰富的文化资源,为乡村文化振兴的实践创新提供了坚实的基础和广阔的舞台。

(一)历史底蕴的深厚

乡村文化承载着悠久的历史记忆,是中华民族传统文化的重要组成部分。从古老的农耕文明到现代的乡村发展,乡村文化在历史的长河中不断积淀和传承,形成了独特而丰富的历史底蕴。这些历史文化遗产,如古老的村落、传统的建筑、民间的故事传说等,都是乡村文化资源的宝贵财富,为乡村文化振兴提供了丰富的素材和灵感。

在实践创新中,我们可以充分利用这些历史文化遗产,通过修复保护、展示利用等方式,让它们焕发新的生机和活力。同时,也可以结合现代科技手段,如数字化技术、虚拟现实技术等,将历史文化资源以更加生动、直观的形式呈现给公众,增强乡村文化的吸引力和影响力。

(二)表现形式的多样

乡村文化资源的表现形式多种多样,既有物质文化遗产,如乡村建筑、农耕器具等,也有非物质文化遗产,如民间艺术、民俗活动等。这些不同形式的文化资源，共同构成了乡村文化的多彩画卷。

在实践创新中，我们可以根据不同形式的文化资源的特点和优势，开展有针对性的开发利用。例如，可以挖掘乡村建筑的艺术价值，发展乡村旅游；可以传承和发扬民间艺术，打造乡村文化品牌；可以开展丰富多彩的民俗活动，增强乡村文化的凝聚力和向心力。

（三）内涵价值的独特

乡村文化资源的内涵价值独特而深刻，体现了乡村人民的智慧和创造力，也蕴含了丰富的生态理念、道德观念和人文精神。这些内涵价值，不仅对于乡村文化的传承和发展具有重要意义，也为乡村文化振兴的实践创新提供了深刻的思想引领。

在实践创新中，我们应当深入挖掘乡村文化资源的内涵价值，弘扬其生态、道德、人文等方面的优秀传统，推动乡村文化的创新发展。同时，也要注重将乡村文化的内涵价值与现代社会的发展需求相结合，创造出具有时代特色的乡村文化产品和服务。

（四）传承方式的创新

乡村文化资源的传承方式也在不断创新和发展。传统的口传心授、师徒传承等方式，在现代社会依然发挥着重要作用，但同时也需要与现代科技手段相结合，推动乡村文化传承方式的创新。

在实践创新中，我们可以利用现代科技手段，如互联网、社交媒体等，拓宽乡村文化传承的渠道和方式。通过建设乡村文化网站、开展网络直播等方式，让更多的人了解乡村文化，参与乡村文化的传承和发展。同时，也可以探索建立乡村文化传承人制度，培养和扶持一批乡村文化传承人才，为乡村文化振兴提供有力的人才保障。

乡村文化资源的丰富性为乡村文化振兴的实践创新提供了广阔的空间和无限的可能。我们应当充分发掘和利用这些文化资源，推动乡村文化的创新发展，为乡村社会的全面振兴注入新的动力和活力。

二、乡村文化活动的活跃性

（一）传统节日活动的传承与创新

传统节日是乡村文化的重要组成部分，也是乡村文化活动最为活跃的领域之一。春节、端午、中秋等传统节日，承载着丰富的文化内涵和深厚的情感寄托，是乡村居民共同的精神家园。

在乡村文化振兴的实践创新中，传统节日活动得到了有效的传承与创新。一方面，乡村地区保留着原汁原味的节日习俗，如庙会、舞龙舞狮、包粽子等，这些活动既是对传统文化的尊重与传承，也是乡村文化活力的生动体现。另一方面，乡村文化工作者结合现代元素，对传统节日活动进行创新，如举办文化讲座、非遗展示、网络直播等，使传统节日活动更具时代感和吸引力。

（二）文化惠民活动的广泛开展

文化惠民活动是乡村文化活动的重要组成部分，旨在通过丰富多彩的文化活动，满足乡村居民的精神文化需求，提升他们的文化素养。

近年来，随着乡村文化振兴战略的实施，文化惠民活动在乡村地区广泛开展。各级政府和文化机构组织送戏下乡、送书下乡、电影放映等活动，将优质文化资源送到乡村居民身边。同时，乡村自发组织的文化活动也日益增多，如广场舞比赛、农民画展、乡村音乐会等，这些活动不仅丰富了乡村居民的文化生活，也激发了他们的文化创造力和参与热情。

（三）文化产业活动的蓬勃发展

文化产业是乡村文化振兴的重要支撑，也是乡村文化活动活跃性的重要体现。随着乡村文化资源的深入发掘和市场需求的不断扩大，乡村文化产业活动呈现出蓬勃发展的态势。

乡村特色文化产业如雨后春笋般涌现，如乡村旅游、手工艺品制作、农副产品加工等，这些产业不仅为乡村经济发展注入了新的活力，也为乡村文化活动提供了丰富的素材和平台。另一方面，乡村文化产业与现代科技融合，形成了一批具有创新性和竞争力的文化产品和服务，如数字文化产品、网络直播销售等，这些新兴业态为乡村文化活动带来了新的发展机遇和空间。

乡村文化活动的活跃性是乡村文化振兴实践创新的重要体现。通过传统节日活动的传承与创新、文化惠民活动的广泛开展以及文化产业活动的蓬勃发展，乡村文化活动不仅展现了乡村文化的生机与活力，也为乡村文化振兴提供了有力的支撑和保障。未来，我们应继续深化乡村文化活动的实践创新，推动乡村文化持续健康发展。

三、乡村文化设施的建设情况

乡村文化设施作为乡村文化振兴的重要载体，其建设情况直接关系到乡村文化活动的开展和文化资源的利用。在乡村文化振兴实践创新中，文化设施的建设不仅要有量的增加，更要有质的提升，以满足乡村居民日益增长的精神文化需求。

（一）基础设施的完善与升级

乡村文化基础设施是乡村文化活动的基本保障，包括文化活动室、图书室、广场等。近年来，随着国家对乡村文化振兴的重视和投入，乡村文化基础设施得到了明显的完善与升级。

一方面，乡村文化活动室的建设日益普及，为乡村居民提供了开展文化活动的场所。这些活动室不仅配备了基本的文化设施，如桌椅、音响设备等，还定期组织各类文化活动，丰富了乡村居民的文化生活。另一方面，乡村图书室的建设也得到了加强，越来越多的优质图书资源被送到乡村，满足了乡村居民的阅读需求。此外，乡村广场的建设也为乡村居民提供了展示才艺、交流文化的平台。

（二）特色文化设施的打造与利用

在完善基础设施的同时，乡村地区还注重打造具有地方特色的文化设施，以展示和传承乡村文化。这些特色文化设施包括乡村博物馆、非遗传承基地等。乡村博物馆通过收集、展示乡村历史文物和文化遗产，让乡村居民和游客了解乡村文化的渊源和发展。非遗传承基地则致力于保护和传承乡村非物质文化遗产，通过培训和指导，让更多的人了解和掌握乡村传统技艺。这些特色文化设施的打造和利用，不仅丰富了乡村文化设施的内涵，也提升了乡村文化的知名度和影响力。

（三）数字化文化设施的推广与应用

随着信息技术的快速发展，数字化文化设施在乡村地区也得到了广泛推广和应用。数字化文化设施包括数字图书馆、数字博物馆、网络文化活动平台等。

数字图书馆通过数字化技术将图书资源转化为电子形式，方便乡村居民随时随地进行阅读。数字博物馆则利用虚拟现实技术，将乡村文化遗产以数字化的形式呈现给公众，让乡村文化更加生动、直观地展现在人们面前。网络文化活动平台则为乡村居民提供了在线参与文化活动的机会，如网络直播、在线展览等，拓宽了乡村文化活动的参与渠道。

（四）文化设施与旅游产业的融合发展

乡村文化设施的建设还与旅游产业实现了融合发展，为乡村经济发展注入了新的活力。一些乡村地区利用文化设施开展文化旅游活动，吸引游客前来参观体验。

通过挖掘乡村文化资源的旅游价值，打造具有地方特色的文化旅游产品，乡村文化设施不仅为游客提供了丰富的旅游体验，也为乡村居民创造了就业机会和经济收入。这种融合发展模式不仅促进了乡村文化的传播和推广，也推动了乡村经济的多元化发展。

乡村文化设施的建设情况在乡村文化振兴实践创新中发挥着重要作用。通过完善基础设施、打造特色文化设施、推广数字化文化设施以及实现与旅游产业的融合发展，乡村文化设施为乡村文化活动的开展和文化资源的利用提供了有力支撑，推动了乡村文化的繁荣发展。

四、乡村文化产业的兴起

乡村文化产业的兴起，是乡村文化振兴实践创新的重要体现，也是推动乡村经济社会发展的重要力量。随着国家对乡村文化振兴战略的深入实施，乡村文化产业正逐渐崭露头角，展现出蓬勃的发展态势。

（一）文化资源丰富多样，为产业发展提供坚实基础

乡村地区拥有丰富的文化资源，包括历史遗迹、传统建筑、民俗风情、民间艺术等，这些资源为乡村文化产业的兴起提供了坚实的基础。通过深入挖掘和整理这些资源，乡村文化产业能够打造出独具特色的文化产品和服务，满足市场多元化的需求。

（二）政策扶持力度加大，助力文化产业快速发展

近年来，国家出台了一系列扶持乡村文化产业的政策措施，包括资金扶持、税收优惠、项目支持等，为乡村文化产业的快速发展提供了有力保障。这些政策的实施，有效激发了乡村文化产业发展的活力和潜力，吸引了越来越多的社会资本和人才投入到乡村文化产业中。

（三）市场主体积极参与，推动产业创新升级

随着乡村文化产业的兴起，越来越多的市场主体开始关注并参与到这一领域中来。这些市场主体包括文化企业、创意工作室、农民专业合作社等，他们通过引入现代经营理念和技术手段，推动乡村文化产业的创新升级。同时，他们还与乡村居民合作，共同开发具有地方特色的文化产品，实现了文化资源的共享和互利共赢。

（四）文化与旅游深度融合，拓展产业发展空间

乡村文化产业与旅游产业的深度融合，为乡村文化产业的发展拓展了更广阔的空间。通过打造文化旅游线路、开发文化旅游产品、举办文化旅游节庆活动等方式，乡村文化产业能够吸引更多的游客前来体验乡村文化，促进乡村旅游业的繁荣发展。同时，旅游业的发展也为乡村文化产业提供了更多的市场需求和发展机遇。

（五）品牌化建设提升产业竞争力，增强文化影响力

品牌化建设是乡村文化产业发展的重要方向。通过打造具有地方特色和文化内涵的品牌形象和标识系统，乡村文化产业能够提升自身的影响力和竞争力。同时，品牌化建设还能够推动乡村文化产业的标准化和规范化发展，提升产品和服务的质量和水平。这不仅有助于乡村文化产业在市场中脱颖而出，还能够增强乡村文化的传播力和影响力，推动乡村文化的传承和发展。

乡村文化产业的兴起是乡村文化振兴实践创新的重要成果之一。通过充分利用乡村丰富的文化资源、加大政策扶持力度、吸引市场主体参与、推动文化与旅游深度融合以及加强品牌化建设等措施，乡村文化产业正逐渐成为推动乡村经济社会发展的重要力量。未来，随着乡村文化振兴战略的深入推进和市场需求的不断增长，乡村文化产业有望迎来更加广阔的发展前景。

五、乡村文化教育的发展

乡村文化教育作为乡村文化振兴实践创新的重要一环,其发展不仅关系到乡村居民的文化素养提升,更是推动乡村全面振兴的关键因素。近年来,随着国家对乡村文化教育的重视和投入,乡村文化教育取得了显著发展,为乡村文化振兴注入了新的活力。

(一)教育资源优化配置,提升教育质量

乡村文化教育的发展首先体现在教育资源的优化配置上。过去,由于种种原因,乡村教育资源相对匮乏,制约了乡村文化教育的发展。如今,随着国家对乡村教育的投入不断加大,乡村学校的基础设施得到了明显改善,教学设备也得到了更新和升级。同时,乡村教师队伍也得到了加强,越来越多的优秀教师选择到乡村任教,为乡村孩子提供了更好的教育机会。这些变化使得乡村教育的质量得到了显著提升,为乡村文化教育的发展奠定了坚实基础。

(二)文化教育内容丰富多样,满足多元需求

乡村文化教育的发展还体现在文化教育内容的丰富多样上。过去,乡村文化教育往往局限于传统的课堂教学,内容相对单一。如今,随着乡村文化教育的不断创新,文化教育内容变得越来越丰富多样。除了传统的语文、数学等课程外,乡村学校还开设了音乐、美术、体育等特色课程,让乡村孩子能够接触到更广泛的知识领域。同时,乡村学校还注重将地方文化融入教育中,通过开设乡土课程、举办文化活动等方式,让乡村孩子更好地了解和传承自己的文化。这些变化使得乡村文化教育更加贴近乡村实际,满足了乡村居民的多元需求。

(三)文化教育创新模式不断涌现,激发活力

乡村文化教育的发展还体现在文化教育创新模式的不断涌现上。随着信息技术的快速发展,乡村文化教育也开始探索新的教育模式和方法。例如,一些乡村学校开始尝试在线教育,利用网络平台为乡村孩子提供更为丰富的教育资源;一些乡村地区还开展了"文化走亲"活动,让乡村孩子能够走出乡村,与其他地区的孩子进行文化交流和学习。这些创新模式不仅拓宽了乡

村文化教育的途径和方式，也激发了乡村文化教育的活力，使得乡村文化教育更加具有时代感和吸引力。

乡村文化教育的发展是乡村文化振兴实践创新的重要体现。通过优化教育资源配置、丰富文化教育内容以及探索文化教育创新模式等措施，乡村文化教育正逐步走向更加完善、更加丰富的道路。未来，随着国家对乡村文化教育的持续关注和投入，乡村文化教育有望取得更加显著的成果，为乡村文化振兴贡献更大的力量。

第二节　乡村文化的重要性与价值

一、乡村文化对乡村社会的凝聚力

乡村文化，作为乡村社会的重要精神支柱，对于增强乡村社会的凝聚力发挥着不可替代的作用。在乡村文化振兴的实践创新中，乡村文化以其独特的魅力，吸引着乡村居民的心灵，凝聚着乡村社会的力量。

（一）乡村文化的传承与认同，筑牢社会凝聚力的根基

乡村文化是乡村居民在长期的生产生活中形成的共同价值观和行为准则，是乡村社会凝聚力的重要来源。通过传承和弘扬乡村文化，乡村居民能够形成对本土文化的认同感和归属感，从而增强对乡村社会的凝聚力和向心力。在乡村文化振兴实践中，我们注重挖掘和整理乡村传统文化资源，通过举办文化活动、建设文化设施等方式，让乡村文化在乡村社会中得以传承和发扬，进而增强乡村居民的文化自信和社会凝聚力。

（二）乡村文化的创新与发展，激发社会凝聚力的活力

乡村文化并非一成不变，它随着时代的进步和社会的发展而不断创新和发展。在乡村文化振兴实践中，我们积极推动乡村文化的创新与发展，引入现代文化元素，使乡村文化更具时代感和吸引力。通过创新文化内容、形式和传播手段，我们让乡村文化更加贴近乡村居民的生活实际，激发他们的文化参与热情，从而进一步增强乡村社会的凝聚力。

(三) 乡村文化的共享与交流，增强社会凝聚力的纽带

乡村文化的共享与交流是增强乡村社会凝聚力的重要途径。在乡村文化振兴实践中，我们注重搭建文化共享与交流的平台，让乡村居民能够共同参与文化活动、分享文化成果、交流文化心得。通过文化共享与交流，乡村居民能够增进彼此的了解和信任，形成共同的文化记忆和情感纽带，从而增强乡村社会的凝聚力和向心力。

(四) 乡村文化的引领与示范，提升社会凝聚力的水平

乡村文化在引领乡村社会风尚、提升社会凝聚力方面发挥着重要作用。在乡村文化振兴实践中，我们注重发挥乡村文化的引领与示范作用，通过培育乡村文化人才、打造乡村文化品牌等方式，提升乡村文化的影响力和感召力。通过乡村文化的引领与示范，我们能够引导乡村居民树立正确的价值观和行为准则，形成积极向上的社会风尚，进一步提升乡村社会的凝聚力和向心力。

乡村文化对乡村社会的凝聚力具有重要作用。通过传承与认同、创新与发展、共享与交流以及引领与示范等方面的努力，我们能够充分发挥乡村文化的凝聚力作用，推动乡村社会的和谐稳定与繁荣发展。在乡村文化振兴的实践创新中，我们应继续深化对乡村文化的研究和挖掘，不断创新文化工作思路和方法，为乡村社会的全面振兴提供有力支撑。

二、乡村文化对经济发展的促进作用

乡村文化作为乡村社会的重要组成部分，不仅承载着乡村居民的精神追求，更在经济发展中发挥着不可替代的作用。在乡村文化振兴的实践创新中，乡村文化以其独特的魅力和价值，为乡村经济发展注入了新的活力。

(一) 乡村文化资源丰富，为经济发展提供新动力

乡村地区拥有丰富的文化资源，包括自然景观、历史遗迹、传统建筑、民俗风情等。这些资源不仅具有极高的文化价值，也蕴含着巨大的经济价值。通过深入挖掘和合理利用这些文化资源，可以开发出独具特色的文化旅游产品，吸引游客前来观光游览，从而带动乡村经济的发展。

（二）乡村文化产业崛起，拓宽经济发展渠道

随着乡村文化振兴战略的实施，乡村文化产业逐渐崛起，成为推动乡村经济发展的重要力量。乡村文化产业涵盖了文化创意、文化旅游、文化演艺等多个领域，通过创新产品和服务，满足了人们对美好生活的需求。同时，乡村文化产业的发展也带动了相关产业的发展，如交通运输、餐饮住宿等，为乡村经济注入了新的活力。

（三）乡村文化品牌打造，提升经济发展竞争力

品牌是乡村文化振兴实践创新的重要成果之一。通过打造具有地方特色和文化内涵的品牌形象和标识系统，可以提升乡村文化的知名度和影响力，进而提升乡村经济的竞争力。品牌化的乡村文化产品不仅能够在市场中脱颖而出，吸引更多的消费者和投资者，还能够提升乡村地区的整体形象，为经济发展创造更好的环境。

（四）乡村文化活动丰富，拉动经济消费增长

乡村文化活动是乡村文化振兴实践创新的重要载体。通过举办各种形式的文化活动，如文艺演出、节庆活动、展览展示等，可以丰富乡村居民的精神文化生活，同时也能够拉动经济消费的增长。这些文化活动不仅吸引了大量的游客前来参与，还带动了相关商品的销售和服务业的发展，为乡村经济带来了可观的收入。

（五）乡村文化教育普及，提升经济发展质量

乡村文化教育是提高乡村居民文化素质、促进经济发展质量提升的重要途径。通过加强乡村文化教育普及，可以提高乡村居民的文化素养和创新能力，培养出一批有文化、懂技术、会经营的新型农民。这些新型农民将成为推动乡村经济发展的重要力量，他们能够利用所学知识和技术，创新经营方式，提高农产品附加值，推动乡村经济向高质量发展。

乡村文化对经济发展具有显著的促进作用。通过挖掘和利用乡村文化资源、发展乡村文化产业、打造乡村文化品牌、举办乡村文化活动以及加强乡村文化教育普及等措施，可以充分发挥乡村文化在经济发展中的优势和作用，推动乡村经济持续健康发展。在乡村文化振兴的实践创新中，我们应继续深

化对乡村文化与经济发展关系的认识，积极探索更多有效的路径和模式，为乡村全面振兴贡献力量。

三、乡村文化对文化传承的意义

乡村文化作为中华文化的重要组成部分，承载着丰富的历史记忆和深厚的文化底蕴。在乡村文化振兴的实践创新中，乡村文化不仅为乡村社会提供了精神滋养，更在文化传承方面发挥着不可替代的作用。

（一）乡村文化是传统文化的重要载体

乡村文化作为传统文化的重要载体，承载着中华民族悠久的历史和深厚的文化底蕴。在乡村，我们可以看到古老的建筑、传统的节庆、丰富的民俗活动等，这些都是传统文化在乡村的具体体现。通过传承和弘扬乡村文化，我们能够更好地了解和感受传统文化的魅力，从而增强对传统文化的认同感和自豪感。

（二）乡村文化为文化传承提供丰富资源

乡村地区拥有丰富的文化资源，包括自然景观、历史遗迹、传统技艺等。这些资源为文化传承提供了丰富的素材和灵感。通过深入挖掘和整理这些资源，我们可以将乡村文化的精髓传承下去，让更多的人了解和欣赏乡村文化的独特魅力。同时，乡村文化资源的开发利用也为文化产业的发展提供了有力支撑，推动了文化与经济的融合发展。

（三）乡村文化创新推动文化传承发展

在乡村文化振兴实践中，我们注重推动乡村文化的创新与发展。通过引入现代文化元素和理念，我们可以让乡村文化焕发新的生机和活力。例如，我们可以将传统技艺与现代设计相结合，创造出具有时代特色的文化产品；我们也可以利用现代科技手段，将乡村文化以更加生动、形象的方式呈现给公众。这些创新举措不仅让乡村文化更加贴近现代生活，也为文化传承注入了新的动力。

（四）乡村文化教育普及提升文化传承意识

乡村文化教育普及是提升文化传承意识的重要途径。通过加强乡村文化教育，我们可以让乡村居民更加深入地了解和认识自己的文化根源，增强对乡村文化的认同感和归属感。同时，乡村文化教育也可以培养乡村居民的文化素养和审美能力，提升他们参与文化传承的积极性和能力。在乡村文化振兴实践创新中，我们注重将文化教育融入乡村生活的各个方面，让乡村居民在潜移默化中接受文化的熏陶和滋养。

乡村文化对文化传承具有深远的意义。通过传承和弘扬乡村文化、挖掘和利用乡村文化资源、推动乡村文化创新以及加强乡村文化教育普及等措施，我们可以更好地保护和传承乡村文化，让其在现代社会中焕发出新的光彩。在乡村文化振兴的实践创新中，我们应继续深化对乡村文化传承的认识和理解，积极探索更多有效的传承方式和途径，为中华文化的繁荣发展贡献力量。

四、乡村文化对生态文明建设的支撑

在乡村文化振兴的实践创新中，乡村文化不仅承载着丰富的历史底蕴和人文情怀，更在生态文明建设中发挥着不可或缺的支撑作用。乡村文化以其独特的价值观念和生态智慧，为乡村生态文明建设提供了坚实的文化基础和精神动力。

（一）乡村文化蕴含生态智慧，引领绿色发展理念

乡村文化中蕴含着丰富的生态智慧，这些智慧来源于乡村居民长期与自然和谐共生的生产生活实践。乡村文化强调尊重自然、顺应自然、保护自然，倡导绿色发展的理念。在乡村文化振兴实践创新中，我们深入挖掘和传承这些生态智慧，将其融入乡村生态文明建设的全过程，引领乡村社会形成绿色发展、循环发展、低碳发展的共识和行动。

（二）乡村文化塑造生态价值观，提升环保意识

乡村文化通过塑造生态价值观，提升乡村居民的环保意识。在乡村文化中，自然被视为生命的源泉和生存的基础，人们尊重自然、敬畏自然，形成了独特的生态伦理观。这种生态价值观在乡村社会中代代相传，影响着乡村居民的行为方式和生活习惯。通过传承和弘扬乡村文化，我们可以进一步强化乡村居民的环保意识，推动他们积极参与生态文明建设，共同守护美丽家园。

（三）乡村文化促进生态产业发展，推动经济结构优化

乡村文化为生态产业的发展提供了丰富的资源和灵感。在乡村文化振兴实践创新中，我们充分利用乡村文化的独特优势，发展生态农业、生态旅游等生态产业，推动乡村经济结构的优化和转型升级。这些生态产业不仅为乡村居民提供了更多的就业机会和收入来源，也为乡村生态文明建设注入了新的动力。

（四）乡村文化营造生态文化氛围，促进人与自然和谐共生

乡村文化通过营造生态文化氛围，促进人与自然和谐共生。在乡村社会中，我们注重将生态理念融入乡村生活的各个方面，通过举办生态文化节、生态知识讲座等活动，让乡村居民在参与中感受生态文化的魅力，形成人人关心生态、人人参与生态文化的良好氛围。这种生态文化氛围有助于提升乡村居民对生态环境的保护和珍视意识，推动他们更加积极地投身于生态文明建设之中。

（五）乡村文化教育普及生态知识，提升生态文明素养

乡村文化教育在普及生态知识、提升生态文明素养方面发挥着重要作用。通过加强乡村文化教育，我们可以让乡村居民更加深入地了解生态文明的内涵和意义，掌握生态保护的基本知识和技能。同时，乡村文化教育也可以培养乡村居民的责任意识和担当精神，让他们成为生态文明建设的积极参与者和推动者。

乡村文化对生态文明建设的支撑作用体现在多个方面。通过深入挖掘和传承乡村文化中的生态智慧、塑造生态价值观、促进生态产业发展、营造生态文化氛围以及普及生态知识等措施，我们可以充分发挥乡村文化在生态文明建设中的优势和作用，推动乡村生态文明建设不断取得新的成效。

五、乡村文化对个体发展的滋养

在乡村文化振兴的实践创新中，乡村文化不仅为乡村社会的整体发展提供了强大的支撑，更为乡村个体的成长与发展提供了深厚的滋养。乡村文化以其独特的魅力，塑造着乡村居民的精神风貌，丰富着他们的内心世界，促进着他们的全面发展。

（一）乡村文化塑造个体品格，培养优秀品质

乡村文化以其淳朴、善良、勤劳等优秀品质为核心，通过家庭、学校、社区等多种渠道，潜移默化地影响着乡村个体的品格塑造。在乡村文化的熏陶下，乡村居民学会了尊老爱幼、团结互助、诚实守信等传统美德，形成了积极向上、乐观进取的人生态度。这些优秀品质和态度不仅为乡村个体的成长奠定了坚实的基础，也为他们未来的人生道路指明了方向。

（二）乡村文化丰富个体精神生活，提升文化素养

乡村文化蕴含着丰富的历史、民俗、艺术等元素，为乡村个体提供了广阔的精神空间。通过参与乡村文化活动、学习乡村文化知识，乡村居民可以深入了解自己的文化根源，感受乡村文化的独特魅力，从而丰富自己的精神世界，提升自己的文化素养。这种文化素养的提升不仅有助于乡村个体更好地融入社会、参与公共事务，也为他们的职业发展和社会交往提供了有力的支持。

（三）乡村文化激发个体创造力，促进创新发展

乡村文化具有开放性和包容性，它鼓励乡村个体勇于尝试、敢于创新。在乡村文化振兴实践创新中，我们注重激发乡村个体的创造力和创新精神，通过举办创新大赛、扶持文化创业等方式，为他们提供展示才华、实现梦想的舞台。这些举措不仅激发了乡村个体的创新活力，也为乡村文化的传承与发展注入了新的动力。

（四）乡村文化提升个体幸福感，促进社会和谐

乡村文化以其独特的情感价值和人文关怀，为乡村个体提供了心灵的慰藉和精神的寄托。在乡村文化的熏陶下，乡村居民学会了感恩、知足、分享等生活智慧，形成了健康、和谐的人际关系。这种和谐的人际关系不仅提升了乡村个体的幸福感，也为乡村社会的稳定与发展奠定了坚实的基础。同时，乡村文化还通过传承和弘扬传统美德，引导乡村个体树立正确的价值观，培养他们的社会责任感和集体荣誉感，从而促进了乡村社会的和谐稳定。

乡村文化对个体发展的滋养作用体现在多个方面。通过塑造个体品格、丰富精神生活、激发创造力以及提升幸福感等措施，乡村文化为乡村个体的成长与发展提供了有力的支持。在乡村文化振兴的实践创新中，我们应继续

深入挖掘和传承乡村文化的优秀元素，发挥其在个体发展中的滋养作用，为乡村社会的全面振兴贡献力量。

第三节 乡村文化面临的挑战与机遇

一、乡村文化面临的挑战

（一）乡村文化保护与传承的困境

乡村文化作为中华民族传统文化的重要组成部分，具有深厚的历史底蕴和独特的价值。然而，在现代化进程中，乡村文化的保护与传承面临着诸多困境。一方面，随着城市化进程的加速推进，越来越多的乡村居民选择离开故土，前往城市生活，导致乡村文化的传承主体流失严重。另一方面，由于缺乏对乡村文化价值的深入认识，一些乡村地区的文化遗产和传统技艺面临失传的风险。此外，乡村文化保护与传承的资金投入不足、专业人才匮乏等问题也制约了乡村文化的可持续发展。

（二）乡村文化与现代文化的融合难题

在全球化背景下，现代文化以其强大的传播力和影响力，对乡村文化产生了深刻的影响。乡村文化在与现代文化融合的过程中，既需要保持其独特的魅力和价值，又需要吸收现代文化的优秀元素，实现创新发展。然而，这一融合过程并非易事。一方面，乡村文化与现代文化在价值观念、审美标准等方面存在显著差异，导致二者在融合过程中容易产生冲突和矛盾。另一方面，由于乡村地区的经济发展相对滞后，乡村居民在接受现代文化的过程中往往存在一定的心理障碍和抵触情绪，这也增加了乡村文化与现代文化融合的难度。

（三）乡村文化创新发展的动力不足

乡村文化的创新发展是乡村文化振兴的重要动力，但当前乡村文化创新发展的动力不足。一方面，由于乡村地区的经济发展相对滞后，缺乏足够的资金支持和技术支撑，导致乡村文化创新发展的难度较大。另一方面，乡村地区的文化教育水平相对较低,乡村居民的文化素养和创新意识有待提高,这也制约了乡村文化创新发展的进程。

乡村文化在振兴实践创新过程中面临着保护与传承的困境、与现代文化的融合难题以及创新发展的动力不足等挑战。为了克服这些挑战,我们需要从多个方面入手,加强乡村文化的保护与传承工作,推动乡村文化与现代文化的融合发展,激发乡村文化创新发展的活力。同时,政府、社会各界以及乡村居民本身也需要共同努力,形成合力,推动乡村文化振兴事业不断向前发展。

二、乡村文化保护的必要性

乡村文化作为中华文化的重要组成部分,是乡村社会发展和个体精神成长的重要支撑。在乡村文化振兴的实践创新中,乡村文化保护的必要性愈发凸显。以下从四个方面详细阐述乡村文化保护的必要性。

(一)乡村文化保护是维护文化多样性的重要举措

文化多样性是人类社会发展的重要特征,而乡村文化作为其中的一支独特力量,承载着丰富的历史记忆和地域特色。保护乡村文化,就是维护文化多样性的生动体现。乡村文化以其独特的价值观念、生活方式和艺术形式,丰富了人类文化的内涵,为文化多样性注入了源源不断的活力。通过保护乡村文化,我们可以让更多的人了解和欣赏不同地域、不同民族的文化特色,促进文化交流与互鉴,推动人类文明的繁荣发展。

(二)乡村文化保护是传承历史文脉的重要途径

乡村文化是中华民族悠久历史的见证者,蕴含着丰富的历史信息和深厚的文化底蕴。通过保护乡村文化,我们可以传承历史文脉,让后人能够了解并继承祖先的智慧和创造力。乡村文化中的传统建筑、民俗活动、民间艺术等,都是历史文化的珍贵载体,它们承载着乡村社会的记忆和情感,是连接过去与未来的桥梁。通过保护这些文化遗产,我们可以让乡村文化在新的时代背景下焕发出新的光彩,为乡村社会的持续发展提供强大的精神动力。

(三)乡村文化保护是提升乡村软实力的重要手段

在全球化背景下,文化软实力已成为衡量一个国家或地区综合实力的重要指标。乡村文化作为乡村软实力的重要组成部分，对于提升乡村地区的形象和吸引力具有重要作用。通过保护乡村文化，我们可以挖掘和展示乡村地区的独特魅力，打造具有地域特色的文化品牌，吸引更多的游客和投资者前来探访和投资。同时，乡村文化的保护还可以增强乡村居民的文化自信和归属感，提升他们的幸福感和获得感，为乡村社会的和谐稳定提供有力支撑。

（四）乡村文化保护是推动乡村可持续发展的重要保障

乡村文化的保护与发展与乡村社会的可持续发展紧密相连。通过保护乡村文化，我们可以促进乡村地区的文化传承与创新，推动乡村经济的转型升级和绿色发展。乡村文化中的传统技艺、生态农业等，都是推动乡村经济发展的重要资源。通过深入挖掘和利用这些资源，我们可以培育新的经济增长点，促进乡村经济的多元化和可持续发展。同时，乡村文化的保护还可以提升乡村地区的生态环境质量，推动乡村社会的生态文明建设，为乡村的可持续发展奠定坚实基础。

乡村文化保护的必要性体现在维护文化多样性、传承历史文脉、提升乡村软实力以及推动乡村可持续发展等多个方面。在乡村文化振兴的实践创新中，我们应高度重视乡村文化的保护工作，采取有效措施加强乡村文化的传承与发展，让乡村文化在新的时代背景下焕发出更加绚丽的光彩。

三、乡村文化发展的机遇

在乡村文化振兴实践创新的进程中，乡村文化发展正迎来前所未有的机遇。这些机遇不仅源于国家政策的扶持和社会各界的关注，也来自于乡村自身文化资源的丰富性和时代需求的契合性。

（一）政策扶持与资金投入的增加

近年来，国家高度重视乡村文化振兴工作，出台了一系列扶持政策和措施，为乡村文化发展提供了有力的政策保障。各级政府加大对乡村文化基础设施建设的投入，改善乡村文化活动的硬件条件；同时，通过设立专项资金、提供税收优惠等方式，鼓励和支持乡村文化产业的发展。这些政策和资金的投入，为乡村文化的发展提供了坚实的物质基础。

（二）乡村文化资源的挖掘与利用

乡村地区拥有丰富的文化资源，包括传统建筑、民俗风情、民间艺术等。随着乡村文化振兴的推进，这些文化资源得到了更加深入的挖掘和利用。通过保护和修复传统建筑，传承和弘扬民俗风情，推广和展示民间艺术，乡村文化的独特魅力得以充分展现。这些文化资源的利用，不仅丰富了乡村文化的内涵，也为乡村文化的发展提供了源源不断的动力。

（三）文化消费需求的增长与文化市场的拓展

随着人们生活水平的提高和文化素养的提升，文化消费需求不断增长。乡村居民对文化产品的需求也日益旺盛，这为乡村文化的发展提供了广阔的市场空间。同时，随着城乡融合的加速推进，城市居民对乡村文化的兴趣和关注也在不断增加，这为乡村文化走出乡村、走向城市提供了良好的机遇。乡村文化可以通过开发特色文化产品、打造文化品牌等方式，满足不同层次、不同群体的文化消费需求，实现文化市场的拓展。

（四）科技创新与文化传播手段的升级

科技创新为乡村文化的发展提供了强大的技术支持。随着互联网、大数据、人工智能等技术的广泛应用，乡村文化的传播手段得到了升级和改进。乡村文化可以通过网络平台、社交媒体等渠道进行广泛传播，吸引更多的关注和参与。同时，科技创新也为乡村文化产业的创新发展提供了可能，如数字文化产品、文化创意产业等，为乡村文化的发展注入了新的活力。

（五）社会参与与文化交流的深化

乡村文化的发展离不开社会各界的广泛参与和支持。越来越多的企业、社会组织和个人关注乡村文化的发展，积极参与乡村文化建设和文化活动。同时，随着国际文化交流的增多，乡村文化也有机会走出国门，与世界各地的文化进行交流和互鉴。这种社会参与和文化交流的深化，为乡村文化的发展提供了更加广阔的视野和更加丰富的资源。

乡村文化发展面临着政策扶持、文化资源挖掘、文化消费需求增长、科技创新和社会参与等多方面的机遇。在乡村文化振兴实践创新的进程中，我们应紧抓这些机遇，推动乡村文化的繁荣发展，为乡村振兴贡献文化力量。

四、乡村文化创新的可能性

在乡村文化振兴的实践创新中，乡村文化创新的可能性日益凸显。这种可能性源于乡村文化的深厚底蕴、时代发展的推动以及创新思维的激活。

（一）乡村文化深厚底蕴为创新提供丰富素材

乡村文化作为中华民族传统文化的重要组成部分，蕴含着丰富的历史记忆和地域特色。这些深厚的文化底蕴为乡村文化创新提供了丰富的素材和灵感来源。通过对乡村文化的深入挖掘和研究，我们可以发现其中蕴含的智慧和价值观念，为创新提供源源不断的动力。同时，乡村文化中的传统技艺、民间艺术等也是创新的重要资源，通过与现代设计理念和技术手段的结合，可以创造出具有独特魅力的文化产品。

（二）时代发展推动乡村文化创新需求

随着时代的发展，乡村社会的经济、社会、文化等方面都发生了深刻的变化。这种变化对乡村文化提出了新的要求，也为其创新提供了可能。在乡村经济转型升级的过程中，乡村文化可以通过与现代农业、乡村旅游等产业的融合，推动文化产业的创新发展。同时，乡村社会结构的变迁和居民生活方式的改变也为乡村文化创新提供了广阔的空间。通过关注乡村居民的实际需求，我们可以创造出更加贴近生活的文化产品和服务，满足他们的精神文化需求。

（三）创新思维激活乡村文化创新活力

创新思维是乡村文化创新的关键。在乡村文化振兴的实践创新中，我们需要打破传统思维模式的束缚，以开放、包容、创新的态度对待乡村文化。通过引入现代设计理念、技术手段和管理模式，我们可以推动乡村文化的创新发展。同时，我们还需要注重激发乡村居民的创新意识和创造力，鼓励他们积极参与文化创新活动，为乡村文化的发展贡献智慧和力量。

在乡村文化创新的可能性中，我们还需要关注以下几点：首先，要保持对乡村文化传统的尊重与传承，同时注重与现代文化的融合，形成具有时代特色的乡村文化新形态。其次，要充分利用现代科技手段，推动乡村文化的数字化、网络化发展，扩大其传播范围和影响力。最后，要加强乡村文化人才队伍建设，培养和引进一批具有创新思维和实践能力的文化人才，为乡村文化创新提供有力的人才保障。

乡村文化创新的可能性源于其深厚的文化底蕴、时代发展的推动以及创新思维的激活。在乡村文化振兴的实践创新中，我们应充分认识和把握这些可能性，积极推动乡村文化的创新发展，为乡村振兴注入新的文化活力。

五、乡村文化交流的广泛性

乡村文化交流的广泛性在乡村文化振兴实践创新中占据着举足轻重的地位。这种广泛性不仅体现在交流主体的多元化方面，还表现在交流渠道的多样化、交流内容的丰富性、交流影响的深远性以及交流方式的创新性等多个方面。

（一）交流主体的多元化

乡村文化交流的广泛性首先体现在交流主体的多元化上。传统的乡村文化交流往往局限于乡村内部，以村民为主要参与者。然而，在乡村文化振兴的实践创新中，交流主体逐渐扩展到政府、企业、社会组织、专家学者以及城市居民等多个层面。这些不同主体之间的交流和互动，为乡村文化的发展注入了新的活力，推动了乡村文化的繁荣和创新。

（二）交流渠道的多样化

随着科技的进步和信息化的快速发展，乡村文化交流的渠道也日益多样化。除了传统的庙会、集市、节庆活动等线下交流方式外，乡村文化还通过线上平台如社交媒体、网络直播、短视频等方式进行广泛传播和交流。这些多样化的交流渠道不仅拓宽了乡村文化的传播范围，也提高了其传播效率和影响力。

（三）交流内容的丰富性

乡村文化交流的广泛性还表现在交流内容的丰富性上。乡村文化涵盖了传统建筑、民俗风情、民间艺术、农耕文化等多个方面，这些丰富的文化元素为交流提供了广阔的空间。同时，随着时代的发展和乡村社会的变迁，乡村文化也在不断吸收新的元素和内涵，使得交流内容更加丰富多彩。

（四）交流影响的深远性

乡村文化交流的广泛性还体现在其影响的深远性上。通过广泛的交流，乡村文化不仅得以在乡村内部传承和发展，还逐渐走向城市、走向全国乃至全世界。这种交流不仅提高了乡村文化的知名度和影响力，也促进了城乡之间的文化融合和相互借鉴。同时，乡村文化交流的广泛性还有助于推动乡村经济的发展和社会的进步，为乡村振兴提供有力的文化支撑。

（五）交流方式的创新性

在乡村文化振兴的实践创新中，交流方式的创新也是其广泛性的重要体现。传统的乡村文化交流方式往往局限于面对面的交流和互动，而现代科技手段则为交流方式的创新提供了可能。例如，通过虚拟现实技术，人们可以身临其境地体验乡村文化的魅力；通过大数据分析，可以更精准地把握乡村文化的传播效果和受众需求。这些创新性的交流方式不仅提高了交流的效率和效果，也为乡村文化的发展带来了新的机遇和挑战。

乡村文化交流的广泛性在乡村文化振兴实践创新中发挥着重要作用。通过多元化、多样化、丰富性、深远性和创新性的交流，乡村文化得以在更广阔的范围内传播和发展，为乡村振兴注入新的活力和动力。

第四节 乡村文化振兴的紧迫性

一、乡村文化振兴的战略意义

（一）促进乡村全面发展

乡村文化振兴是乡村振兴的重要组成部分。通过挖掘和传承乡村优秀传统文化资源，弘扬乡村精神，培育文明乡风、良好家风、淳朴民风，可以激发广大农民群众的积极性和创造性，增强他们的文化自信和生活幸福感。这种精神上的满足和自信又会反过来推动乡村经济社会的全面发展。因此，实施乡村文化振兴战略对于促进乡村的全面发展具有重要意义。

（二）提升国家文化软实力

乡村文化是中华文化的重要组成部分。通过保护和传承乡村文化遗产，弘扬乡村文化的独特魅力，可以增强中华文化的自信心和影响力。同时，随着全球化的深入推进和国际交流的日益密切，乡村文化的传播和交流也已经成为展示中国形象和文化软实力的重要途径之一。因此，加强乡村文化建设和管理，提升国家文化软实力具有重要的现实意义和历史使命。

（三）推动城乡融合发展

乡村文化振兴可以促进城乡之间的文化交流与合作，打破城乡二元结构壁垒。通过推动城乡文化资源共享、优势互补和协同发展，可以实现以城带乡、以乡促城的良性互动格局。这不仅有利于提升城市居民对乡村文化的认知和兴趣，也有助于促进乡村居民对城市文化的了解和接纳。这种相互理解和融合有助于增进城乡居民之间的相互信任和友谊，推动城乡融合发展取得更加显著的成效。

（四）助力民族复兴伟业

乡村文化振兴是实现中华民族伟大复兴中国梦的重要内容之一。通过保护和传承中华优秀传统文化特别是乡村文化遗产，弘扬中华民族传统美德和民族精神，可以增强全民族的凝聚力和向心力。同时，乡村文化创新和发展也可以为中华民族的伟大复兴提供强大的精神动力和智力支持。此外，随着全球化的发展和世界多极化的加速推进，文化因素在国际竞争中的作用越来越重要。因此，加强乡村文化建设和管理对于实现中华民族伟大复兴的中国梦具有重大的战略意义。

乡村文化振兴的实践创新具有重要的战略意义。它不仅关系到乡村社会的全面发展和进步，还影响到整个国家的文化传承和创新发展以及中华民族伟大复兴的伟大事业。我们应该高度重视这项工作并采取切实有效的措施加以推进和落实。

二、乡村文化振兴的现实需求

（一）满足乡村居民日益增长的精神文化需求

随着乡村经济的快速发展和生活水平的持续提高，乡村居民对精神文化生活的需求也日益增长。他们渴望在繁忙的劳作之余，能够享受到丰富多彩的文化生活，满足心灵深处的渴求。乡村文化振兴实践创新，就是要通过创新文化产品和服务，丰富乡村居民的精神世界，提高他们的文化素养，满足他们日益增长的精神文化需求。

具体来说，乡村文化振兴可以通过建设乡村图书馆、文化广场等基础设施，提供阅读、观赏、表演等文化活动场所；也可以通过开展文化下乡、农民画展等活动，将优秀的文化资源和艺术成果送到乡村，让乡村居民在家门口就能享受到高质量的文化盛宴。这些举措不仅能够丰富乡村居民的文化生活，还能够增强他们的文化自信心和归属感。

（二）促进乡村经济社会协调发展

乡村文化振兴实践创新是促进乡村经济社会协调发展的重要途径。文化作为一种软实力，能够为乡村经济社会发展提供强大的精神动力和智力支持。通过挖掘乡村文化的独特价值，培育乡村文化产业，可以推动乡村经济的转型升级和可持续发展。

同时，乡村文化振兴还能够促进乡村社会的和谐稳定。文化具有凝聚人心、化解矛盾的作用，通过加强乡村文化建设，可以增进村民之间的交流和互信，缓解社会矛盾，维护乡村社会的稳定和谐。这种和谐稳定的社会环境，有利于吸引更多的资本和人才流入乡村，推动乡村经济社会的全面发展。

（三）传承和弘扬中华优秀传统文化

乡村是中华优秀传统文化的重要发源地和承载地，乡村文化振兴实践创新对于传承和弘扬中华优秀传统文化具有重要意义。通过深入挖掘乡村文化的历史内涵和时代价值，可以让我们更好地了解和认识中华文化的根源和脉络，增强我们的文化自信和民族自豪感。

同时，乡村文化振兴也是推动中华文化创新发展的重要动力。在传承中创新,在创新中发展,是中华文化生生不息的源泉。通过引入现代元素和创新思维,对乡村文化进行创造性转化和创新性发展,可以使其焕发出新的生机和活力,为中华文化的繁荣发展注入新的动力。

乡村文化振兴实践创新是满足乡村居民日益增长的精神文化需求、促进乡村经济社会协调发展以及传承和弘扬中华优秀传统文化的现实需求。我们应该高度重视并积极推进乡村文化振兴工作,为乡村振兴和中华民族伟大复兴贡献文化力量。

三、乡村文化振兴的时间紧迫性

乡村文化振兴实践创新不仅具有深远的战略意义,还面临着紧迫的时间要求。在当前快速发展的时代背景下,乡村文化振兴的紧迫性愈发凸显。

(一)乡村文化资源的快速流失

随着现代化进程的加速推进,乡村文化面临着前所未有的冲击和挑战。一些传统的乡村文化资源和文化遗产,如古建筑、传统技艺、民间故事等,正逐渐消失在历史的长河中。这些资源的流失不仅意味着乡村文化的断层,更可能导致乡村精神的失落。因此,加快乡村文化振兴实践创新的步伐,保护和传承乡村文化资源,已刻不容缓。

(二)乡村居民文化需求的日益增长

随着乡村经济的发展和生活水平的提高,乡村居民对文化生活的需求也日益增长。他们渴望了解更多的外界信息,享受更高品质的文化产品。然而,当前乡村文化供给与需求之间仍存在较大的差距。乡村文化振兴实践创新需要紧跟时代步伐,及时回应乡村居民的文化需求,为他们提供更多元化、更高质量的文化服务。

(三)全球化背景下文化竞争的加剧

在全球化的背景下,文化竞争已成为国际竞争的重要方面。乡村文化作为中华文化的重要组成部分,其振兴与发展对于提升国家文化软实力具有重要意义。然而,当前乡村文化在国际舞台上的影响力仍相对较弱,与其他国家和地区的文化交流与合作也亟待加强。因此,加快乡村文化振兴实践创新的进程，提升乡村文化的国际竞争力，已成为当前的重要任务。

（四）乡村经济社会发展的内在要求

乡村文化振兴是乡村经济社会发展的内在要求。文化作为一种软实力，能够为乡村经济发展提供强大的精神动力和智力支持。通过挖掘乡村文化的独特价值，培育乡村文化产业，可以推动乡村经济的转型升级和可持续发展。同时，乡村文化振兴还能够促进乡村社会的和谐稳定，提升乡村居民的幸福感和满意度。因此，加快乡村文化振兴实践创新的步伐，是推动乡村经济社会全面发展的重要举措。

（五）乡村文化自身发展的迫切需求

乡村文化自身也面临着发展的迫切需求。传统的乡村文化在某些方面可能存在滞后和不足，需要与现代文化相结合，实现创新发展。乡村文化振兴实践创新就是要通过引入现代元素和创新思维，对乡村文化进行改造和提升，使其更加符合现代社会的审美需求和发展趋势。这不仅能够提升乡村文化的吸引力和影响力，还能够为乡村文化的长远发展奠定坚实基础。

乡村文化振兴实践创新面临着紧迫的时间要求。我们必须充分认识到乡村文化振兴的紧迫性，采取有效措施加以推进和落实，以确保乡村文化的可持续发展和繁荣。

四、乡村文化振兴的社会共识

乡村文化振兴实践创新不仅是乡村自身发展的内在需求，更是全社会共同关注的焦点。当前，乡村文化振兴已经形成了广泛的社会共识，这种共识为实践创新提供了坚实的支撑和动力。

（一）乡村文化振兴是乡村振兴战略的重要组成部分

在社会各界看来，文化作为乡村振兴的灵魂和动力源泉，具有不可替代的作用。只有通过文化振兴，才能激发乡村的内生动力，推动乡村经济社会全面发展。因此，乡村文化振兴实践创新得到了社会各界的广泛认同和支持。

（二）乡村文化振兴是传承和弘扬中华优秀传统文化的重要途径

乡村是中华优秀传统文化的重要发源地，乡村文化承载着丰富的历史信息和深厚的文化底蕴。社会各界普遍认为，乡村文化振兴实践创新是传承和弘扬中华优秀传统文化的重要途径。通过挖掘乡村文化的独特价值，展示乡村文化的独特魅力，可以让更多人了解和认识中华优秀传统文化，增强文化自信和民族自豪感。同时，乡村文化振兴还能够推动中华文化的创新发展，为中华文化走向世界提供有力支撑。

（三）乡村文化振兴是满足人民群众精神文化需求的重要举措

随着社会的发展和进步，人民群众对精神文化生活的需求日益增长。乡村文化振兴实践创新能够满足人民群众对美好生活的向往和追求。通过加强乡村文化设施建设、丰富乡村文化活动内容、提升乡村文化服务质量等方式，可以让乡村居民享受到更加丰富多彩的文化生活，提高他们的文化素养和生活品质。同时，乡村文化振兴还能够吸引更多的城市居民到乡村体验文化、休闲旅游，促进城乡文化交流和互动。

在形成乡村文化振兴的社会共识过程中，政府、专家学者、乡村居民以及社会各界都发挥了积极作用。政府通过制定相关政策措施和投入资金支持，为乡村文化振兴提供了有力保障；专家学者通过深入研究和宣传推广，为乡村文化振兴提供了理论支撑和智力支持；乡村居民作为文化振兴的主体，积极参与各种文化活动，传承和创新乡村文化；社会各界则通过关注和支持乡村文化振兴事业，共同推动其向前发展。

乡村文化振兴实践创新已经形成了广泛的社会共识。这种共识不仅体现了对乡村文化振兴重要性的深刻认识，也为实践创新提供了强大的动力和支撑。我们应该珍惜这一共识，加强协作与配合，共同推动乡村文化振兴事业取得更加辉煌的成就。

五、乡村文化振兴的政策保障

乡村文化振兴实践创新需要强有力的政策保障来支撑和推动。政策在乡村文化振兴中发挥着引领、规范和激励的作用，为实践创新提供了坚实的制度基础。

（一）制定专项规划，明确发展目标

为了确保乡村文化振兴的有序进行，政府需要制定专门的乡村文化振兴

规划，明确发展目标、重点任务和保障措施。规划应充分考虑乡村文化的特点和优势，结合当地实际情况，制定切实可行的政策措施。同时，规划还应注重与乡村振兴战略的衔接，确保乡村文化振兴与经济社会发展相协调。

（二）加大财政投入，提供资金支持

财政投入是乡村文化振兴的重要保障。政府应加大对乡村文化振兴的资金支持力度，确保乡村文化设施建设、文化活动开展和文化产业发展等方面的资金需求得到满足。同时，政府还可以通过设立专项资金、引导社会资本投入等方式，拓宽资金来源渠道，为乡村文化振兴提供更多的资金支持。

（三）完善法律法规，保障合法权益

法律法规是乡村文化振兴的重要保障。政府应完善相关法律法规，明确乡村文化振兴的权益保障和法律责任，为乡村文化振兴提供有力的法律支撑。同时，政府还应加强对乡村文化市场的监管，打击侵权盗版等违法行为，维护乡村文化市场的秩序和公平竞争。

（四）推动政策创新，激发社会活力

政策创新是推动乡村文化振兴的关键。政府应积极探索和推行适合乡村文化振兴的政策措施，如文化产业发展政策、文化人才引进政策等，激发社会活力，推动乡村文化振兴实践创新。同时，政府还应加强与相关部门的协调配合，形成政策合力，共同推动乡村文化振兴事业的发展。

（五）加强宣传引导，营造良好氛围

宣传引导是乡村文化振兴的重要推动力量。政府应加强对乡村文化振兴的宣传力度，通过媒体、网络等多种渠道，广泛传播乡村文化的独特魅力和价值，提高社会对乡村文化振兴的关注度和认可度。同时，政府还应积极引导社会力量参与乡村文化振兴事业，形成全社会共同推动乡村文化振兴的良好氛围。

政策保障在乡村文化振兴实践创新中发挥着至关重要的作用。政府应制定专项规划、加大财政投入、完善法律法规、推动政策创新以及加强宣传引导等方面的工作，为乡村文化振兴提供全方位的政策保障和支持。只有这样，才能确保乡村文化振兴实践创新的顺利进行，推动乡村文化的繁荣发展。

第二章 乡村文化振兴的理论基础

第一节 文化振兴的相关理论

一、文化资本论

（一）文化资本的价值体现

文化资本是指通过文化资源的积累、传承和创新所形成的具有经济价值的文化资产。在乡村文化振兴中，文化资本的价值体现尤为突出。首先，乡村的传统文化、民俗风情、历史遗迹等是乡村文化资本的重要组成部分，它们承载着乡村的历史记忆和文化底蕴，是乡村文化振兴的宝贵财富。其次，乡村的文化产业、文化创意等也是文化资本的重要体现，它们通过市场化运作，将文化资源转化为经济效益，推动乡村经济的发展。最后，乡村的文化活动、文化教育等也是文化资本的重要表现形式，它们丰富了乡村居民的精神文化生活，提升了乡村的文化软实力。

（二）文化资本的积累与转化

乡村文化振兴实践创新的关键在于文化资本的积累与转化。首先，乡村需要加强对文化资源的挖掘和整理，通过系统梳理乡村文化的历史脉络和发展轨迹，形成具有地方特色的文化品牌。其次，乡村需要注重文化产业的培育和发展，通过引进文化企业、扶持文化创业者等方式，推动文化产业成为乡村经济的新增长点。同时，乡村还需要加强文化教育建设，提高乡村居民的文化素养和创新能力，为文化资本的转化提供人才保障。通过这些措施，乡村文化资本得以有效积累并转化为实际的经济和社会效益。

（三）文化资本与乡村经济社会的互动关系

文化资本与乡村经济社会之间存在着密切的互动关系。一方面，文化资本的积累与转化能够推动乡村经济的发展。文化产业作为新兴产业，具有广阔的市场前景和发展潜力，能够为乡村带来可观的经济效益。同时，文化资本的积累还能够提升乡村的文化软实力，吸引更多的游客和投资，促进乡村旅游和特色产业的发展。另一方面，乡村经济社会的发展也为文化资本的积累与转化提供了有利条件。随着乡村经济的繁荣和社会的进步，乡村居民对文化的需求日益增长，这为文化产业的发展提供了广阔的市场空间。同时，乡村社会的和谐稳定也为文化活动的开展和文化教育的普及提供了良好的社会环境。

文化资本论为乡村文化振兴实践创新提供了有力的理论支撑。通过深入挖掘和利用乡村文化资本，推动文化产业的发展和文化教育的普及，我们能够实现乡村文化的全面振兴，为乡村振兴注入新的活力和动力。

二、文化创新理论

文化创新理论作为指导文化发展的重要思想，对于乡村文化振兴实践创新具有核心动力的作用。在乡村文化振兴的征程中，文化创新不仅是推动乡村文化发展的内在要求，也是实现乡村振兴的必由之路。

（一）创新乡村文化理念，引领文化发展潮流

文化创新理论首先要求乡村在文化振兴过程中树立新的文化理念，引领文化发展潮流。这意味着乡村需要摒弃陈旧的文化观念，积极吸收现代文化的先进元素，形成具有时代特色的乡村文化。同时，乡村还应注重文化的开放性和包容性，加强与外界的文化交流，吸收借鉴其他地区的优秀文化成果，不断丰富和发展乡村文化。

（二）创新乡村文化内容，丰富文化供给

乡村文化振兴需要不断创新文化内容，为乡村居民提供丰富多彩的文化产品。这包括挖掘乡村传统文化资源，传承和弘扬乡村优秀文化；创作反映乡村生活、展现乡村风貌的文艺作品；开展形式多样的文化活动，满足乡村居民多样化的文化需求。通过创新文化内容，乡村文化振兴不仅能够提升乡

村居民的文化素养,还能够增强乡村文化的吸引力和影响力。

(三)创新乡村文化传播方式,拓宽文化传播渠道

文化传播是乡村文化振兴的重要环节。文化创新理论要求乡村在文化传播方式上不断创新,拓宽文化传播渠道。这包括利用现代科技手段,如互联网、移动媒体等,建立乡村文化传播平台,实现文化的快速传播和广泛覆盖;同时,还可以通过举办文化节、文化展览等活动,吸引更多的人关注和参与乡村文化振兴事业。

(四)创新乡村文化产业模式,推动文化产业发展

文化产业是乡村文化振兴的重要支撑。文化创新理论鼓励乡村在文化产业模式上进行创新,推动文化产业的发展。这包括发展乡村特色文化产业,如乡村旅游、文化创意等,打造具有地方特色的文化品牌;同时,还可以引进先进的文化产业理念和技术,提升乡村文化产业的竞争力和创新能力。

(五)培养乡村文化创新人才,激发创新活力

人才是乡村文化振兴的关键。文化创新理论强调培养乡村文化创新人才,激发创新活力。这包括加强乡村文化教育,提高乡村居民的文化素养和创新能力;同时,还应引进和培养一批具有专业知识和技能的文化人才,为乡村文化振兴提供人才保障。通过培养创新人才,乡村文化振兴能够不断注入新的思想和力量,推动乡村文化的持续发展。

文化创新理论为乡村文化振兴实践创新提供了核心动力。通过创新文化理念、文化内容、文化传播方式、文化产业模式以及培养创新人才等方面的努力,乡村文化振兴能够不断焕发新的生机和活力,为乡村振兴注入强大的文化力量。

三、文化多样性理论

文化多样性理论强调不同文化间的相互尊重、交流与融合,为乡村文化振兴实践创新提供了重要支撑。在乡村文化振兴的过程中,充分认识和利用文化多样性,不仅能够促进乡村文化的繁荣发展,还能够推动乡村社会的全面进步。

（一）尊重文化多样性，保护乡村文化生态

乡村文化生态是乡村文化多样性的重要体现，它包括了乡村的自然环境、社会结构、生活方式以及传统习俗等多个方面。在乡村文化振兴实践中，应尊重并保护乡村文化的多样性，避免对乡村文化生态的破坏和损害。通过制定相关政策措施，加强对乡村文化资源的保护和管理，确保乡村文化的传承与发展。

（二）促进文化交流，推动乡村文化创新

文化交流是文化多样性得以实现的重要途径。在乡村文化振兴中，应积极促进不同文化间的交流与融合，推动乡村文化的创新与发展。通过举办文化交流活动、建设文化交流平台等方式，加强乡村与外界的文化联系，引入新的文化元素和理念，激发乡村文化的创新活力。

（三）发挥文化特色，打造乡村文化品牌

每个乡村都有其独特的文化特色，这是乡村文化多样性的重要表现。在乡村文化振兴实践中，应充分发掘和利用乡村的文化特色，打造具有地方特色的文化品牌。通过深入挖掘乡村的历史文化、民俗风情等资源，形成具有独特魅力的乡村文化形象，提升乡村文化的知名度和影响力。

（四）强化文化教育，培养乡村文化自信

文化教育是培养乡村文化自信的重要途径。在乡村文化振兴中，应加强对乡村居民的文化教育，提高他们的文化素养和审美能力。通过开设文化课程、举办文化活动等方式，让乡村居民更好地了解和认识自己的文化，增强对乡村文化的自信心和自豪感。同时，还应加强对乡村青少年的文化教育，培养他们的文化创新意识和能力，为乡村文化的未来发展储备人才。

文化多样性理论为乡村文化振兴实践创新提供了重要支撑。通过尊重文化多样性、促进文化交流、发挥文化特色以及强化文化教育等方面的努力，我们可以更好地保护和传承乡村文化，推动乡村文化的创新发展，为乡村振兴注入强大的文化动力。在未来的乡村文化振兴实践中，我们应继续深化对文化多样性理论的理解和应用，不断探索和实践适合乡村文化振兴的发展之路。

四、文化软实力理论

文化软实力理论作为当代国际政治与文化研究的重要领域，为乡村文化振兴实践创新提供了深刻的理论支撑。在乡村文化振兴的征程中，文化软实力不仅是乡村发展的内在动力，更是实现乡村振兴目标的重要引擎。

（一）深化对文化软实力的理解，引领乡村文化发展方向

文化软实力强调文化、价值观念、社会制度等因素在国际竞争中的影响力与感召力。在乡村文化振兴中，深化对文化软实力的理解，有助于我们明确乡村文化的发展方向和目标。乡村应挖掘和弘扬本土文化的核心价值，培育积极向上的乡村文化氛围，以此提升乡村的整体形象和文化品位。

（二）发挥文化软实力的凝聚作用，促进乡村社会和谐稳定

文化软实力具有强大的凝聚功能，能够增强乡村居民的归属感和认同感。通过举办各类文化活动、建设文化设施等方式，可以加强乡村居民之间的文化交流与互动，增进彼此的了解与信任，从而促进乡村社会的和谐稳定。

（三）利用文化软实力的传播效应，提升乡村文化影响力

文化软实力具有广泛的传播效应，能够扩大乡村文化的影响力。乡村应充分利用现代传媒手段，如互联网、社交媒体等，宣传和推广乡村文化，让更多的人了解和认识乡村文化的魅力。同时，通过参与文化交流活动、举办文化节庆等方式，也可以增强乡村文化的对外传播能力。

（四）挖掘乡村文化资源，增强文化软实力基础

乡村拥有丰富的文化资源，包括自然景观、历史遗迹、民俗风情等。挖掘和利用这些文化资源，不仅可以丰富乡村文化的内涵，还可以增强乡村文化软实力的基础。通过保护和传承乡村文化遗产、发展乡村旅游等方式，可以充分发挥乡村文化资源的价值，提升乡村文化的吸引力和竞争力。

（五）创新乡村文化产业发展模式，提升文化软实力水平

文化产业是文化软实力的重要载体。乡村应创新文化产业发展模式，推动文化产业与农业、旅游等产业的融合发展，培育具有地方特色的文化品牌。

通过发展文化产业，不仅可以促进乡村经济的繁荣，还可以提升乡村文化软实力水平，为乡村的全面振兴提供有力支撑。

文化软实力理论为乡村文化振兴实践创新提供了重要引擎。通过深化对文化软实力的理解、发挥文化软实力的凝聚作用、利用文化软实力的传播效应、挖掘乡村文化资源以及创新乡村文化产业发展模式等方面的努力，我们可以不断提升乡村文化的软实力水平，为乡村文化振兴注入新的活力和动力。在未来的乡村文化振兴实践中，我们应继续深化对文化软实力理论的研究和应用，不断探索和实践适合乡村文化振兴的发展路径。

五、文化生态学理论

文化生态学理论将文化视为一个与自然环境和社会环境相互作用的生态系统，强调文化的多样性和动态性。在乡村文化振兴实践创新中，文化生态学理论为我们提供了一个重要的视角，有助于我们更深入地理解和推动乡村文化的繁荣与发展。

（一）保护乡村文化生态，维护文化多样性

乡村文化生态是乡村文化发展的根基，它包含了丰富的自然资源、人文景观和民俗风情等元素。在乡村文化振兴实践中，我们应充分尊重和保护乡村文化生态，避免过度开发和破坏。通过制定科学合理的保护政策，加强对乡村文化遗产的保护和传承，确保乡村文化的多样性和独特性得以延续。

同时，我们还应关注乡村文化生态的平衡与和谐。在推动乡村文化发展的过程中，要充分考虑自然环境和社会环境的承载能力，避免对生态环境造成破坏。通过推广绿色生活方式，倡导低碳环保理念，实现乡村文化发展与生态环境的良性互动。

（二）促进文化交融与创新，增强乡村文化活力

文化生态学理论认为，不同文化之间的交流与融合是推动文化发展的重要动力。在乡村文化振兴实践中，我们应积极促进乡村文化与城市文化、外来文化等多元文化的交流与融合，吸收借鉴其他文化的优秀元素，为乡村文化注入新的活力。

同时，我们还要注重乡村文化自身的创新与发展。通过深入挖掘乡村文

化的内涵和价值，结合现代审美观念和技术手段，打造具有时代特色的乡村文化品牌。通过举办文化节庆、开展文艺创作等活动，激发乡村居民的文化创新热情，推动乡村文化的繁荣发展。

（三）培育乡村文化自信，提升乡村文化软实力

文化自信是一个民族、一个地区文化发展的重要支撑。在乡村文化振兴实践中，我们应积极培育乡村居民的文化自信，让他们更加珍视和传承自己的文化。通过加强文化教育，提高乡村居民的文化素养和审美能力，让他们更好地了解和认同自己的文化。

同时，我们还应注重提升乡村文化的软实力。通过加强乡村文化的对外传播和交流，展示乡村文化的独特魅力和价值，提升乡村文化的影响力和竞争力。通过发展乡村文化产业，将文化资源转化为经济资源，为乡村经济的发展注入新的动力。

文化生态学理论为乡村文化振兴实践创新提供了重要的视角和思路。通过保护乡村文化生态、促进文化交融与创新以及培育乡村文化自信等方面的努力，我们可以推动乡村文化的繁荣发展，为乡村振兴注入强大的文化动力。在未来的乡村文化振兴实践中，我们应继续深化对文化生态学理论的研究和应用，不断探索和实践适合乡村文化发展的新模式和新路径。

第二节　乡村文化振兴的战略定位

一、乡村文化振兴是国家战略的重要组成部分

（一）加强农村公共文化建设

健全乡村公共文化服务体系是推进乡村振兴的重要保障。我们需要按照有标准、有网络、有内容、有人才的要求，建立健全的乡村公共文化服务体系。同时，要发挥县级公共文化机构的辐射作用，推进基层综合性文化服务中心建设，实现乡村两级公共文化服务全覆盖，提升服务效能。此外，还需要深入推进文化惠民工作，将公共文化资源向乡村倾斜，提供更多更好的农村公共文化产品和服务。

（二）挖掘和传承乡土文化本土人才

培育挖掘乡土文化本土人才是乡村文化振兴的关键环节。我们应该通过举办各类文化活动和文化教育，发现和培养一批具有乡土情怀和文化创造力的本土人才。同时，可以开展文化结对帮扶活动，引导社会各界人士投身乡村文化建设。这些措施将有助于激发乡村文化的内生动力和创新活力。

（三）创新乡贤文化，弘扬善行义举

创新乡贤文化也是乡村文化振兴的重要内容之一。我们应该深入挖掘乡贤文化的内涵和价值，弘扬其中的善行义举和精神财富。可以通过设立乡贤纪念馆或展示馆等方式，让更多的人了解和认识乡贤文化的独特魅力。同时，还可以开展以乡贤为题材的文艺创作和生产活动，推出一批反映农民生产生活尤其是乡村振兴实践的优秀文艺作品。

（四）提升农民文化素养和参与意识

提升农民政治参与意识是乡村文化振兴的重要目标之一。我们应该通过开展各种形式的宣传教育活动和文化实践活动，引导农民树立正确的价值观和生活观念，增强他们的文化自信和社会责任感。同时，还要鼓励农民积极参与乡村治理和管理事务中来，提高他们的自治能力和管理水平。这将有助于夯实乡村振兴战略的基础和实现农村现代化的目标。

（五）推动"互联网+三农"创新发展

随着互联网的普及和发展，"互联网+三农"已经成为推动农业农村发展的重要力量。在乡村文化振兴中也应该积极推动"互联网+三农"的创新发展。我们可以通过建设数字化农业服务平台和智慧农业示范区等方式，运用互联网技术和信息化手段来推动农业生产、加工和销售等环节的智能化和高效化；同时还可以通过直播带货等新型商业模式来促进农产品销售和品牌打造等工作。这些措施将有助于拓宽农民的增收渠道和提高他们的获得感、幸福感、安全感。

乡村文化振兴是一项长期而艰巨的任务需要我们从多个方面入手不断创新工作方式和方法来提高工作成效和质量水平为推动乡村振兴战略的实施做出积极贡献。

二、乡村文化振兴是乡村振兴战略的核心内容

（一）加强农村公共文化建设

健全乡村公共文化服务体系是推进乡村振兴的重要保障。我们需要按照有标准、有网络、有内容、有人才的要求，建立健全的乡村公共文化服务体系。同时，要发挥县级公共文化机构的辐射作用，推进基层综合性文化服务中心建设，实现乡村两级公共文化服务全覆盖，提升服务效能。此外，还需要深入推进文化惠民工作，将公共文化资源向乡村倾斜，提供更多更好的农村公共文化产品和服务。

在加强农村公共文化建设的过程中，我们还需要注重创新乡贤文化，弘扬善行义举。通过深入挖掘乡贤文化的内涵和价值，我们可以引导更多的农民树立正确的价值观和生活观念，增强他们的文化自信和社会责任感。同时，我们还可以开展以乡贤为题材的文艺创作和生产活动，推出一批反映农民生产生活尤其是乡村振兴实践的优秀文艺作品。

（二）创新乡贤文化，弘扬善行义举

创新乡贤文化是乡村文化振兴的重要内容之一。我们应该深入挖掘乡贤文化的内涵和价值，弘扬其中的善行义举和精神财富。可以通过设立乡贤纪念馆或展示馆等方式，让更多的人了解和认识乡贤文化的独特魅力。同时，还可以开展以乡贤为题材的文艺创作和生产活动，推出一批反映农民生产生活尤其是乡村振兴实践的优秀文艺作品。这些措施将有助于激发乡村文化的内生动力和创新活力。

在实施创新乡贤文化的过程中，我们还需要注重培育与社会主义核心价值观相契合、与社会主义美丽乡村建设相适应的优良家风、文明乡风。可以通过开展乡村文化振兴行动、实施"文化+"计划等方式，推动农业现代化和农村一二三产业融合发展，实现传统农业向现代农业转型与升级。同时，我们还可以利用文化的渗透功能，促使文化向农业产前产后产中蔓延与融合，形成创意农业、观光农业、品牌农业等新型业态。

(三)开展乡村文化振兴行动

开展乡村文化振兴行动是实现乡村振兴战略目标的必要条件之一。我们可以通过坚守田园生活方式、推动"互联网+"计划等方式来促进农民增收致富和拓宽增收渠道。具体来说，可以支持和鼓励农民就业创业，积极开发农业多种功能，推动传统农业创造性转化、创新性发展；同时利用互联网技术和信息化手段来推动农业生产、加工和销售等环节的智能化和高效化。这些措施将有助于夯实乡村振兴战略的基础和实现农村现代化的目标。

在实施乡村文化振兴行动的过程中，我们还需要注重培育农民的获得感幸福感安全感。可以通过完善社会保障体系、提高公共服务水平等方式来保障农民的基本生活需求；同时还可以通过开展好家风、好家训活动以及评选表彰活动等方式来营造和谐友爱的乡村氛围。这些措施将有助于提升农民的幸福感和归属感，进而推动乡村振兴战略的顺利实施。

乡村文化振兴是乡村振兴战略的核心内容之一。我们应该从加强农村公共文化建设、创新乡贤文化和开展乡村文化振兴行动三个方面入手，全面推进乡村振兴战略的落实和实施。通过这些措施的实施和落实情况的监督检查机制的建立与完善等措施的实施和落实情况的监督检查机制的建立与完善等措施的实施和落实情况的监督检查机制的建立与完善等，我们可以更好地推动乡村文化振兴目标的实现和提升农民的获得感、幸福感、安全感为实现中华民族伟大复兴的中国梦做出积极贡献。

三、乡村文化振兴是提升乡村居民生活质量的重要途径

(一)丰富精神文化生活，提高文化素养

乡村文化振兴实践创新通过举办各种文化活动，如文艺演出、书画展览、非遗展示等，丰富了乡村居民的精神文化生活。这些活动不仅让居民们欣赏到了传统文化的魅力，还为他们提供了一个展示自我、交流学习的平台。同时，通过文化教育和普及，乡村居民的文化素养得到了提升，他们更加珍视和传承自己的文化，形成了积极向上的文化氛围。

(二)传承乡土文化，增强文化自信

乡村文化振兴实践创新注重挖掘和传承乡土文化，通过保护和修复古建

筑、古村落等文化遗产，让乡村居民更加深入地了解自己的文化根源。同时，通过举办文化节庆活动，展示乡村文化的独特魅力，增强了乡村居民的文化自信。这种自信不仅体现在对传统文化的自豪上，还体现在对乡村未来发展的信心上。

（三）促进文化产业发展，拓宽增收渠道

乡村文化振兴实践创新通过发展乡村文化产业，将文化资源转化为经济资源，为乡村居民提供了更多的就业机会和增收渠道。例如，开发乡村旅游、文化创意产品等，不仅吸引了游客前来观光旅游，还带动了当地相关产业的发展，增加了乡村居民的收入。同时，文化产业的发展也推动了乡村经济的多元化发展，为乡村振兴注入了新的活力。

（四）改善乡村环境，提升生活品质

乡村文化振兴实践创新注重改善乡村环境，通过推进乡村绿化美化、建设文化广场等公共设施，提升了乡村居民的生活品质。优美的环境和完善的设施让乡村居民享受到更好的生活条件，也吸引了更多的人才和资本进入乡村，促进了乡村的可持续发展。

（五）推动乡村治理创新，构建和谐乡村

乡村文化振兴实践创新在推动乡村治理创新方面发挥了重要作用。通过加强文化教育，提高乡村居民的法律意识和道德水平，促进了乡村社会的和谐稳定。同时，通过引导乡村居民参与文化活动和文化事务管理，激发了他们的自治意识和参与热情，推动了乡村治理的民主化和科学化。这种和谐的乡村社会氛围为乡村居民提供了更好的生活环境和发展空间。

乡村文化振兴实践创新在提升乡村居民生活质量方面发挥了重要作用。通过丰富精神文化生活、传承乡土文化、促进文化产业发展、改善乡村环境以及推动乡村治理创新等措施的实施，我们可以不断提升乡村居民的文化素养和生活品质，推动乡村的全面振兴和发展。

四、乡村文化振兴是推动乡村经济社会发展的强大动力

（一）文化创新引领乡村产业转型升级

乡村文化振兴实践创新通过挖掘和整合乡村文化资源，培育新型文化业态，推动乡村产业结构的优化升级。例如，将传统手工艺与现代设计相结合，开发出具有地方特色的文化创意产品，既丰富了市场供给，又提升了乡村产业的附加值。同时，乡村文化振兴还促进了农业与旅游、教育等产业的深度融合，形成了多元化、综合性的乡村产业链，为乡村经济发展注入了新的动力。

（二）文化繁荣促进乡村消费市场拓展

随着乡村文化振兴的深入推进，乡村居民的文化消费需求不断增长，这为乡村消费市场的拓展提供了广阔空间。乡村文化振兴实践创新通过举办各类文化活动、建设文化设施等方式，激发了乡村居民的消费热情，提升了他们的消费能力。同时，乡村特色文化产品和服务的推广，也吸引了更多城市居民前来体验乡村文化，进一步拉动了乡村消费市场的发展。

（三）文化传承增强乡村社会凝聚力

乡村文化振兴实践创新注重传承和弘扬乡村优秀传统文化，通过举办传统节庆活动、建设文化遗址等方式，让乡村居民更加深入地了解自己的文化根源和历史传承。这种文化传承不仅增强了乡村居民的文化自信和归属感，还促进了乡村社会的和谐稳定。在共同的文化认同下，乡村居民更容易形成团结互助、共同发展的良好氛围，为乡村经济社会发展提供了有力的社会支持。

（四）文化创新推动乡村治理体系完善

乡村文化振兴实践创新通过加强文化教育、提升乡村居民的文化素养和法治意识，推动了乡村治理体系的完善。在文化创新的引领下，乡村治理更加注重民主参与和科学决策，乡村居民的积极性、主动性和创造性得到了充分发挥。同时，乡村文化振兴还促进了乡村社会的法治化进程，提升了乡村治理的规范化和精细化水平，为乡村经济社会的持续发展提供了坚实的制度保障。

乡村文化振兴实践创新是推动乡村经济社会发展的强大动力。通过引领乡村产业转型升级、促进乡村消费市场拓展、增强乡村社会凝聚力以及推动乡村治理体系完善等方面的努力，我们可以充分发挥乡村文化的独特优势，推动乡村经济社会的全面振兴和发展。未来，我们应继续深化乡村文化振兴实践创新，不断探索符合乡村实际的发展路径，为实现乡村全面振兴和农业农村现代化作出积极贡献。

五、乡村文化振兴是传承和弘扬中华优秀传统文化的重要载体

（一）挖掘乡村文化资源，传承历史文化记忆

乡村是中华优秀传统文化的根脉所在，蕴藏着丰富的历史文化资源。乡村文化振兴实践创新通过深入挖掘乡村文化资源，整理和保护历史文化遗产，让乡村居民和广大民众能够亲身感受到传统文化的魅力。通过举办传统文化节庆活动、建设乡村博物馆和文化遗址等方式，乡村文化振兴将传统文化元素融入乡村生活，让人们在日常生活中感受到历史文化的厚重与传承。

（二）创新乡村文化表达，弘扬优秀传统文化精神

乡村文化振兴实践创新注重创新传统文化的表达方式，使其更加贴近现代审美和生活需求。通过创作具有地方特色的文艺作品、开发富有文化内涵的乡村旅游产品等方式，乡村文化振兴将传统文化与现代元素相结合，展现出传统文化的时代价值。这种创新性的表达方式不仅弘扬了优秀传统文化的精神内涵，还吸引了更多人的关注和参与，为传统文化的传承和发展注入了新的活力。

（三）培养乡村文化人才，传承文化技艺

乡村文化振兴实践创新重视培养乡村文化人才，通过举办文化培训班、开展文化志愿服务等方式，提高乡村居民的文化素养和技能水平。同时，鼓励和支持乡村文化人才参与传统文化的传承和创新工作，让他们的技艺得到更好的传承和发展。这些文化人才成为乡村文化振兴的中坚力量，为传承和弘扬优秀传统文化提供了有力的人才保障。

（四）推动乡村文化交流，增强文化自信

乡村文化振兴实践创新促进了不同地域、不同民族之间的文化交流与融合。通过举办乡村文化论坛、开展文化走亲等活动，乡村文化振兴让不同地区的乡村文化得以相互借鉴和学习，共同推动中华优秀传统文化的传承与发展。这种文化交流不仅增强了乡村居民的文化自信，还提升了他们对自身文化的认同感和自豪感。

（五）探索乡村文化产业发展，实现文化传承与经济发展双赢

乡村文化振兴实践创新积极探索乡村文化产业发展之路，将文化资源转化为经济资源，实现文化传承与经济发展的双赢。通过开发具有地方特色的文化创意产品、打造乡村旅游品牌等方式，乡村文化振兴推动了乡村文化产业的快速发展。这种发展不仅为乡村居民提供了更多的就业机会和收入来源，还促进了乡村经济的多元化发展，为乡村全面振兴奠定了坚实的基础。

乡村文化振兴实践创新在传承和弘扬中华优秀传统文化中发挥着重要作用。通过挖掘乡村文化资源、创新乡村文化表达、培养乡村文化人才、推动乡村文化交流以及探索乡村文化产业发展等方式，我们可以更好地传承和弘扬中华优秀传统文化，为乡村的全面振兴和中华民族的伟大复兴贡献力量。

第三节 乡村文化振兴的基本原则

一、坚持以人民为中心的创作导向

在乡村文化振兴实践中，必须始终坚持以人民为中心的创作导向。这意味着要深入了解乡村居民的生活状况、文化传统和精神需求，创作出符合他们实际需求的文艺作品和文化产品。通过广泛征求群众意见和参与文化活动，我们可以更好地把握他们的喜好和兴趣点，从而提供更加精准的文化服务。同时，鼓励和支持乡村本土文化人才参与创作和推广优秀文化作品也是至关重要的环节。这些举措将有助于激发乡村居民的创造力和参与热情，推动乡村文化的繁荣发展。

二、注重文化传承与创新发展的有机结合

在乡村文化振兴过程中,既要注重传统文化的传承与发展,又要鼓励创新思维和创新实践。传统文化是乡村居民的精神家园和历史根基所在,必须得到妥善保护和传承。然而,随着时代的变迁和社会的发展进步,传统文化也需要与时俱进地进行创新性转化和发展。通过运用现代科技手段和创新传播方式,我们可以让传统文化在新的时代背景下焕发出新的生机与活力。例如,利用互联网平台和新媒体技术传播优秀传统文化知识、举办线上文化活动等举措都是值得尝试的创新实践。这些措施不仅有助于提升传统文化的知名度和影响力,还能吸引更多年轻人参与其中并成为传统文化的传承者。

三、加强文化教育引导培育文明乡风民风

加强文化教育引导是培育文明乡风民风的重要途径之一。通过开展各种形式的文化教育活动如文艺演出、讲座培训等,可以增强村民对中华优秀传统文化的认同感和自豪感;通过推广科学知识和健康生活方式等先进文化理念和实践经验,可以帮助村民树立正确的世界观、人生观和价值观;通过建立健全村规民约和道德评议会等自治组织制度机制来规范约束村民行为举止等措施都可以有效地促进乡村治理体系和治理能力现代化水平的提升进而推动乡村全面振兴目标的实现。此外还需要注重发挥榜样力量的引领作用以及加强对外宣传和交流合作等工作力度和政策支持力度等方面的工作力度和政策支持力度等方面的保障措施来共同推动乡村文化振兴实践创新的深入开展并取得实效成果。

二、坚持因地制宜原则

坚持因地制宜原则在乡村文化振兴实践创新中占据举足轻重的地位。这一原则强调在推进乡村文化振兴的过程中,应充分考虑各地的实际情况,包括地理环境、资源条件、文化传统、村民需求等,制定出符合当地特色的文化振兴策略。

（一）深入挖掘地方特色资源，打造独特文化品牌

每个乡村都有其独特的历史、文化和自然资源，这是乡村文化振兴的宝贵财富。坚持因地制宜原则，就是要深入挖掘这些特色资源，通过文化创新和创意转化，将其打造成为具有地方特色的文化品牌。例如，一些乡村拥有独特的传统手工艺，可以通过开展手工艺培训、举办手工艺展览等方式，将这些传统技艺传承下来，并转化为具有市场竞争力的文化产品。

（二）结合地域文化特点，开展形式多样的文化活动

乡村文化振兴需要通过丰富多彩的文化活动来激发村民的参与热情和文化创造力。因地制宜原则要求我们在开展文化活动时，紧密结合当地的地域文化特点，设计出符合村民喜好的活动形式。比如，在山区乡村可以开展山歌比赛、登山节等活动，充分利用自然资源，展现山区文化的独特魅力；在水乡乡村则可以举办渔文化节、赛龙舟等活动，凸显水乡文化的风情韵味。

（三）尊重村民意愿，发挥村民主体作用

乡村文化振兴的主体是村民，他们的意愿和需求是制定文化振兴策略的重要依据。坚持因地制宜原则，就是要充分尊重村民的意愿，发挥他们的主体作用。通过广泛征求村民意见，了解他们的文化需求和期望，制定出符合村民实际的文化振兴方案。同时，积极鼓励村民参与文化活动的组织和策划，让他们在实践中感受到文化的力量，成为文化振兴的积极推动者。

（四）合理利用文化设施，提升文化服务质量

文化设施是乡村文化振兴的重要载体，合理利用这些设施对于提升文化服务质量至关重要。因地制宜原则要求我们在利用文化设施时，充分考虑当地的实际需求和条件，确保设施的有效利用。例如，可以根据村民的需求和喜好，调整图书馆、文化广场等设施的开放时间和服务内容，使其更好地服务于村民的文化生活。

（五）注重文化传承与创新，推动乡村文化持续发展

乡村文化振兴不仅要注重传承传统文化，还要在传承的基础上进行创新，推动乡村文化的持续发展。坚持因地制宜原则，就是要根据当地的实际情况和文化特点，制定出符合文化传承与创新需求的策略。通过保护非物质文化

遗产、传承传统技艺等方式，将乡村文化的精髓传承下去；同时，鼓励村民在传承的基础上进行创新，创造出具有时代特色和地方特色的新文化成果。

坚持因地制宜原则在乡村文化振兴实践创新中具有重要作用。通过深入挖掘地方特色资源、结合地域文化特点开展文化活动、尊重村民意愿发挥主体作用、合理利用文化设施以及注重文化传承与创新等方式，我们可以推动乡村文化的繁荣发展，为乡村全面振兴注入强大的文化动力。

三、坚持保护与开发并重原则

在乡村文化振兴实践创新中，坚持保护与开发并重原则至关重要。这一原则强调在推动乡村文化发展的同时，既要保护好乡村文化的独特性和原真性，又要合理开发利用文化资源，实现文化与经济的良性互动。

（一）保护乡村文化遗产，传承历史文化记忆

乡村文化遗产是乡村文化的根基和灵魂，承载着丰富的历史记忆和文化信息。在乡村文化振兴过程中，必须加强对乡村文化遗产的保护力度，包括古建筑、古村落、传统手工艺、民俗活动等。通过制定保护规划、建立保护机制、加强宣传教育等措施，确保乡村文化遗产得到妥善保护和传承。同时，也要注重传承人的培养和扶持，让他们成为乡村文化振兴的重要力量。

（二）挖掘乡村文化价值，促进文化产业发展

乡村文化不仅具有历史价值和文化价值，还具有经济价值。在保护乡村文化的同时，要深入挖掘其潜在价值，通过创意转化和产业开发，将文化资源转化为经济资源。可以依托乡村特色文化，发展文化旅游、文化创意、文化演艺等产业，打造具有地方特色的文化品牌。同时，也要注重引入现代科技手段和创新理念，提升乡村文化产业的竞争力和影响力。

（三）注重文化生态平衡，实现可持续发展

乡村文化振兴不能片面追求经济效益，而忽视文化生态平衡。在开发文化资源的过程中，要注重保护生态环境和生物多样性，避免过度开发和破坏。同时，也要关注村民的文化需求和利益诉求，确保他们能够从文化振兴中受益。通过构建文化生态补偿机制、推动文化产业与生态农业融合发展等方式，

实现乡村文化振兴与生态环境保护的协调发展。

（四）加强文化创新引领，推动乡村文化现代化

坚持保护与开发并重原则并不意味着固守传统、排斥创新。相反，在保护乡村文化的基础上，要积极推动文化创新，为乡村文化注入新的活力。可以通过举办文化创新大赛、设立文化创新基金等方式，鼓励和支持村民和文化工作者进行文化创新实践。同时，也要注重引入现代文化元素和时尚元素，让乡村文化在保持传统特色的同时，更加符合现代审美和市场需求。

坚持保护与开发并重原则在乡村文化振兴实践创新中具有重要意义。通过保护乡村文化遗产、挖掘乡村文化价值、注重文化生态平衡和加强文化创新引领等措施，我们可以实现乡村文化的可持续发展和现代化转型，为乡村全面振兴提供有力支撑。同时，这也有助于提升村民的文化自信和获得感，增强乡村社会的凝聚力和向心力。

四、坚持创新引领原则

在乡村文化振兴的实践创新中，坚持创新引领原则具有至关重要的意义。这一原则不仅要求我们在传承和发展乡村文化的过程中不断注入新的创意和活力，更要求我们勇于探索，敢于实践，以创新的思维和方法推动乡村文化的繁荣与发展。以下从三个方面详细阐述坚持创新引领原则在乡村文化振兴实践创新中的重要作用。

（一）创新文化传承方式，焕发乡村文化新活力

传统的文化传承方式往往局限于固定的形式和渠道，难以适应现代社会的多元需求。因此，我们需要创新文化传承方式，以更加生动、有趣、易于接受的形式将乡村文化传递给年轻一代。例如，可以利用互联网和新媒体技术，打造线上文化平台，让乡村文化以更加直观、生动的方式呈现在大众面前。同时，也可以通过举办文化节庆活动、开展文化体验游等方式，让游客亲身感受乡村文化的魅力，从而增强对乡村文化的认同感和归属感。

（二）创新文化产业发展模式，推动乡村经济新增长

乡村文化产业是乡村文化振兴的重要载体，也是推动乡村经济发展的新

动力。然而，传统的文化产业发展模式往往存在产业结构单一、附加值低等问题。因此，我们需要创新文化产业发展模式，探索出符合乡村实际、具有地方特色的文化产业发展路径。例如，可以依托乡村丰富的自然资源和人文资源，发展文化旅游、文化创意、文化演艺等多元化产业，打造具有地方特色的文化品牌。同时，也可以通过引入现代科技手段和创新理念，提升文化产业的创新能力和市场竞争力，从而推动乡村经济的持续增长。

（三）创新乡村社会治理机制，构建乡村文化新生态

乡村社会治理是乡村文化振兴的重要保障，也是实现乡村全面振兴的重要基础。然而，传统的乡村社会治理机制往往存在管理手段单一、参与度低等问题。因此，我们需要创新乡村社会治理机制，构建以文化为核心、多元主体共同参与的新型乡村社会治理模式。例如，可以通过建立文化理事会、文化志愿者队伍等组织，引导村民积极参与乡村文化建设和管理。同时，也可以通过完善文化设施、开展文化教育活动等方式，提升村民的文化素养和治理能力，从而构建出和谐、文明、有序的乡村文化新生态。

总之，坚持创新引领原则是推动乡村文化振兴实践创新的关键所在。通过创新文化传承方式、创新文化产业发展模式以及创新乡村社会治理机制等措施的实施，我们可以为乡村文化的繁荣发展注入新的活力和动力，推动乡村文化的全面振兴和发展。同时，这也有助于提升乡村居民的文化自信和生活品质，为乡村社会的全面进步奠定坚实的基础。

五、坚持可持续发展原则

在乡村文化振兴的实践创新中，坚持可持续发展原则至关重要。这一原则强调乡村文化发展的长远性和可持续性，要求在推动文化振兴的同时，注重生态、经济、社会的协调发展。

（一）注重生态保护，实现文化发展与生态和谐共生

乡村文化是扎根于乡土之上的，与自然环境紧密相连。因此，在乡村文化振兴过程中，必须注重生态保护，避免过度开发和文化活动对生态环境造成破坏。要合理规划文化空间，保护好乡村的自然风貌和生态系统，确保文化发展与生态和谐共生。同时，通过推广绿色文化、倡导生态文明理念，引

导村民形成节约资源、保护环境的良好生活习惯。

（二）挖掘文化内涵，促进文化资源的永续利用

乡村文化资源丰富多样，是乡村文化振兴的重要基础。要实现乡村文化的可持续发展，必须深入挖掘文化内涵，促进文化资源的永续利用。要保护好乡村的文化遗产，传承好乡村的优秀传统文化，同时注重文化创新，将传统文化与现代元素相结合，赋予乡村文化新的时代内涵。此外，还要加强文化产业的开发，将文化资源转化为经济资源，实现文化与经济的良性互动。

（三）培育文化人才，推动乡村文化事业的持续发展

人才是乡村文化振兴的关键。要实现乡村文化的可持续发展，必须注重文化人才的培养和引进。要通过举办培训班、开展文化活动等方式，提高村民的文化素养和审美能力，培养一批热爱乡村文化、具有创新精神的文化人才。同时，积极引进外部人才和智力资源，为乡村文化振兴提供有力支持。

（四）完善文化设施，提升乡村文化服务水平

文化设施是乡村文化振兴的重要载体。要实现乡村文化的可持续发展，必须完善文化设施，提升乡村文化服务水平。要加大投入力度，建设一批功能齐全、设施完善的文化场馆和公共文化活动场所，满足村民的文化需求。同时，注重文化设施的维护和管理，确保其长期有效运行。

（五）加强交流合作，推动乡村文化融入全球文化格局

在全球化的背景下，乡村文化的发展需要更加开放和包容。要实现乡村文化的可持续发展，必须加强与其他地区的交流合作，推动乡村文化融入全球文化格局。要积极参与文化交流活动，学习借鉴其他地区的先进经验和文化成果，同时展示和推广乡村文化的独特魅力。通过交流合作，不断提升乡村文化的影响力和竞争力。

坚持可持续发展原则在乡村文化振兴实践创新中具有重要意义。通过注重生态保护、挖掘文化内涵、培育文化人才、完善文化设施以及加强交流合作等措施的实施，我们可以推动乡村文化的长远发展，为乡村社会的全面进步和繁荣做出积极贡献。

第四节　乡村文化振兴的路径选择

一、加强乡村文化教育体系建设

（一）完善乡村基础教育设施，提高教育质量

乡村基础教育是乡村文化教育体系的基石，完善基础设施、提高教育质量是首要任务。应加大对乡村学校的投入，改善教学条件，确保每个孩子都能享受到优质的教育资源。同时，加强乡村教师队伍建设，提高教师待遇，吸引更多优秀教师到乡村任教，为乡村孩子提供优质的教育服务。此外，还应注重乡村教育的特色化发展，结合当地文化资源和产业特点，开设具有地方特色的课程和活动，让学生在接受基础教育的同时，也能深入了解和传承乡村文化。

（二）开展多元化文化活动，丰富乡村文化生活

除了基础教育外，开展多元化文化活动也是加强乡村文化教育体系建设的重要途径。乡村应充分利用传统节日、农闲时节等时机，组织丰富多彩的文化活动，如文艺演出、书画展览、诗词朗诵等，让村民在参与中感受文化的魅力，提升文化素养。同时，还可以通过建设乡村文化广场、图书室等文化设施，为村民提供学习和交流的平台，推动乡村文化的广泛传播和深入发展。

（三）加强乡村文化人才培养，激发文化创新活力

乡村文化人才是乡村文化振兴的重要力量。加强乡村文化人才培养，不仅要注重传承人的培养和扶持，还要注重激发年轻人的文化创新活力。政府应出台相关政策，鼓励和支持乡村文化人才的发展，为他们提供学习和交流的机会，帮助他们提升专业技能和创新能力。同时，还可以通过举办文化创新大赛、设立文化创新基金等方式，激励更多年轻人投身乡村文化事业，为乡村文化振兴注入新的活力。

（四）推动乡村文化与现代科技融合，创新文化教育形式

在信息化时代，现代科技为乡村文化教育提供了新的可能性。推动乡村文化与现代科技融合，创新文化教育形式，是加强乡村文化教育体系建设的重要方向。乡村应积极探索利用互联网、大数据、人工智能等现代科技手段，开展在线教育、远程培训等活动，打破地域限制，让乡村居民能够享受到更多优质的教育资源。同时，还可以通过开发乡村文化APP、建设乡村文化网站等方式，推广乡村文化，吸引更多外界关注和支持。

加强乡村文化教育体系建设是乡村文化振兴实践创新的关键环节。通过完善基础教育设施、开展多元化文化活动、加强文化人才培养以及推动与现代科技融合等措施的实施，我们可以为乡村文化的繁荣发展奠定坚实基础，推动乡村社会的全面进步和繁荣。

二、推动乡村文化产业创新发展

乡村文化产业作为乡村文化振兴的重要支撑，其创新发展对于促进乡村经济繁荣、提升乡村居民生活水平具有重大意义。在乡村文化振兴的实践创新中，推动乡村文化产业创新发展显得尤为关键。以下从五个方面详细阐述推动乡村文化产业创新发展的具体举措。

（一）深入挖掘乡村文化资源，打造特色文化品牌

乡村拥有丰富的文化资源，包括传统手工艺、民俗节庆、历史遗迹等，这些都是乡村文化产业创新发展的重要基础。要深入挖掘这些文化资源的内涵和价值，通过创意设计和现代科技手段，将其转化为具有市场竞争力的文化产品。同时，要注重打造具有地方特色的文化品牌，提升乡村文化的知名度和影响力，吸引更多消费者关注和购买。

（二）加强文化产业与农业、旅游业的融合发展

乡村文化产业的发展应紧密结合农业和旅游业，形成产业联动效应。可以通过发展文化创意农业，将文化产业与农业相结合，打造特色农业景观和农产品，提升农业附加值。同时，将乡村文化产业与旅游业相结合，开发具有文化特色的旅游线路和产品，吸引游客前来观光游览，带动乡村旅游业的发展。

（三）引进先进科技，提升文化产业创新能力

现代科技是推动文化产业创新发展的重要动力。要积极引进先进科技，包括数字技术、网络技术、虚拟现实技术等，将其应用于文化产品的设计、生产和推广中，提升文化产业的创新能力和市场竞争力。同时，要加强与高校、科研机构等的合作，共同研发具有自主知识产权的文化科技产品，推动乡村文化产业的转型升级。

（四）培育文化市场主体，激发市场活力

文化市场的繁荣需要多元化的市场主体参与。要积极培育乡村文化市场主体，包括文化企业、文化合作社、文化个体户等，为他们提供政策支持和市场指导，帮助他们提高经营能力和市场竞争力。同时，要加强市场监管，规范市场秩序，打击侵权盗版等违法行为，为文化产业的健康发展创造良好的市场环境。

（五）加强国际交流与合作，拓宽文化产业发展空间

在全球化的背景下，加强国际交流与合作是推动乡村文化产业创新发展的重要途径。要积极参与国际文化交流和贸易活动，学习借鉴国际先进经验和技术，引进国外优质文化资源和项目。同时，要推动乡村文化产品走出国门，参与国际市场竞争，提升乡村文化的国际影响力。

推动乡村文化产业创新发展需要从多个方面入手，包括深入挖掘文化资源、加强产业融合、引进先进科技、培育市场主体以及加强国际交流与合作等。通过这些举措的实施，我们可以推动乡村文化产业实现高质量发展，为乡村文化振兴注入新的动力。

三、深化乡村文化体制改革

乡村文化产业作为乡村文化振兴的重要支撑，其创新发展对于促进乡村经济繁荣、提升乡村居民生活水平具有重大意义。在乡村文化振兴的实践创新中，推动乡村文化产业创新发展显得尤为关键。

（一）深入挖掘乡村文化资源，打造特色文化品牌

乡村拥有丰富的文化资源，包括传统手工艺、民俗节庆、历史遗迹等，

这些都是乡村文化产业创新发展的重要基础。要深入挖掘这些文化资源的内涵和价值，通过创意设计和现代科技手段，将其转化为具有市场竞争力的文化产品。同时，要注重打造具有地方特色的文化品牌，提升乡村文化的知名度和影响力，吸引更多消费者关注和购买。

（二）加强文化产业与农业、旅游业的融合发展

乡村文化产业的发展应紧密结合农业和旅游业，形成产业联动效应。可以通过发展文化创意农业，将文化产业与农业相结合，打造特色农业景观和农产品，提升农业附加值。同时，将乡村文化产业与旅游业相结合，开发具有文化特色的旅游线路和产品，吸引游客前来观光游览，带动乡村旅游业的发展。

（三）引进先进科技，提升文化产业创新能力

现代科技是推动文化产业创新发展的重要动力。要积极引进先进科技，包括数字技术、网络技术、虚拟现实技术等，将其应用于文化产品的设计、生产和推广中，提升文化产业的创新能力和市场竞争力。同时，要加强与高校、科研机构等的合作，共同研发具有自主知识产权的文化科技产品，推动乡村文化产业的转型升级。

（四）培育文化市场主体，激发市场活力

文化市场的繁荣需要多元化的市场主体参与。要积极培育乡村文化市场主体，包括文化企业、文化合作社、文化个体户等，为他们提供政策支持和市场指导，帮助他们提高经营能力和市场竞争力。同时，要加强市场监管，规范市场秩序，打击侵权盗版等违法行为，为文化产业的健康发展创造良好的市场环境。

（五）加强国际交流与合作，拓宽文化产业发展空间

在全球化的背景下，加强国际交流与合作是推动乡村文化产业创新发展的重要途径。要积极参与国际文化交流和贸易活动，学习借鉴国际先进经验和技术，引进国外优质文化资源和项目。同时，要推动乡村文化产品走出国门，参与国际市场竞争，提升乡村文化的国际影响力。

推动乡村文化产业创新发展需要从多个方面入手，包括深入挖掘文化资

源、加强产业融合、引进先进科技、培育市场主体以及加强国际交流与合作等。通过这些举措的实施，我们可以推动乡村文化产业实现高质量发展，为乡村文化振兴注入新的动力。

四、促进乡村文化交流与传播

乡村文化的交流与传播是乡村文化振兴实践创新不可或缺的重要环节。它不仅有助于推动乡村文化的创新发展，还能够加强乡村与城市的联系，促进文化多样性。

（一）建立多元文化交流平台，推动城乡文化互鉴

为了促进乡村文化的交流与传播，首要任务是建立多元化的文化交流平台。这包括线上和线下的平台，如乡村文化网站、社交媒体账号、乡村文化节庆活动等。通过这些平台，乡村文化可以更加便捷地展示给外界，吸引更多人关注和了解。同时，这些平台也为城乡之间的文化交流提供了机会，让城市居民能够亲身体验乡村文化的魅力，从而增进对乡村文化的认同和尊重。

（二）加强乡村文化队伍建设，提升文化传播能力

乡村文化队伍是乡村文化交流与传播的重要力量。要加强乡村文化队伍建设，培养一批具有专业素养和文化热情的乡村文化工作者。这些工作者不仅要有丰富的乡村文化知识，还要具备良好的沟通能力和传播技巧。通过他们的努力，可以将乡村文化更好地传递给外界，同时也能够从外界引入新的文化元素，促进乡村文化的创新发展。

（三）挖掘乡村文化特色，打造文化传播精品

乡村文化具有丰富的特色和资源，这些特色和资源是乡村文化传播的重要基础。要深入挖掘乡村文化的特色，将其转化为具有吸引力的文化传播精品。这些精品可以包括乡村文化纪录片、乡村文化书籍、乡村文化展览等。通过这些精品的展示和推广，可以让更多人了解乡村文化的独特魅力，从而增强对乡村文化的兴趣和认同。

（四）加强对外交流合作，扩大乡村文化国际影响力

在全球化的背景下，加强对外交流合作是提升乡村文化国际影响力的有

效途径。要积极参与国际文化交流活动，与外国文化机构、组织建立友好合作关系。通过举办国际乡村文化论坛、文化交流节等活动，让乡村文化走向世界舞台，吸引国际关注。同时，也要学习借鉴国际先进经验和技术，推动乡村文化的创新发展。

促进乡村文化交流与传播是实现乡村文化振兴实践创新的重要一环。通过建立多元文化交流平台、加强乡村文化队伍建设、挖掘乡村文化特色以及加强对外交流合作等措施的实施，我们可以推动乡村文化的广泛传播和深入发展，为乡村社会的全面进步和繁荣做出积极贡献。

五、强化乡村文化人才队伍建设

乡村文化人才是乡村文化振兴实践创新的核心力量，他们承载着传承与创新乡村文化的重任。强化乡村文化人才队伍建设，对于推动乡村文化振兴、实现乡村社会的全面进步具有重要意义。

（一）加大人才培养力度，提升乡村文化人才专业素养

乡村文化人才的专业素养是乡村文化振兴的基础。要加大对乡村文化人才的培养力度，通过举办培训班、研讨会等形式，提升他们的文化素养、艺术修养和创新能力。同时，鼓励乡村文化人才参与各种文化交流活动，拓宽视野，增强文化自信。此外，还可以与高校、研究机构等合作，引进先进的教育资源，为乡村文化人才提供更加系统的学习和培训机会。

（二）优化人才结构，构建多元化乡村文化人才队伍

乡村文化人才队伍需要多元化、专业化的发展。在加强传统文化人才培养的同时，也要注重引进和培养具有现代文化视野和创新能力的新型文化人才。这包括文化创意人才、文化经营管理人才、文化科技人才等。通过优化人才结构，构建一支既懂传统又懂创新、既懂文化又懂市场的多元化乡村文化人才队伍，为乡村文化振兴提供有力的人才保障。

（三）完善激励机制，激发乡村文化人才创新活力

激励机制是激发乡村文化人才创新活力的重要手段。要建立健全乡村文化人才的激励机制，包括物质激励和精神激励两个方面。在物质激励方面，

可以通过设立文化人才奖励基金、提高文化人才待遇等方式，给予他们更多的物质回报。在精神激励方面，可以通过举办文化人才表彰活动、宣传优秀文化人才事迹等方式，增强他们的荣誉感和归属感。同时，还要为乡村文化人才提供广阔的创新空间和展示平台，让他们能够充分发挥自己的才华和创造力。

（四）加强人才引进与交流，提升乡村文化人才整体水平

人才引进与交流是提升乡村文化人才整体水平的重要途径。要积极引进外部优秀的文化人才到乡村工作，为乡村文化振兴注入新的活力和动力。同时，加强乡村文化人才与城市文化人才之间的交流与合作，通过互访、交流学习等方式，促进城乡文化人才的共同发展。此外，还可以利用现代信息技术手段，建立乡村文化人才数据库和信息交流平台，实现资源共享和信息互通，提升乡村文化人才的整体素质和创新能力。

强化乡村文化人才队伍建设是推动乡村文化振兴实践创新的关键举措。通过加大人才培养力度、优化人才结构、完善激励机制以及加强人才引进与交流等措施的实施，我们可以打造一支高素质、专业化的乡村文化人才队伍，为乡村文化振兴提供坚实的人才保障和智力支持。

第三章 乡村文化产业的培育与发展

第一节 乡村文化产业的概念与特点

一、乡村文化产业的概念界定

（一）乡村文化产业的内涵解读

乡村文化产业，顾名思义，是指以乡村文化为主要内容，通过创意、生产、传播等环节，形成具有市场价值的文化产业形态。它涵盖了乡村传统手工艺、民间艺术、地方戏曲、民俗节庆等多个领域，是对乡村文化资源的深度挖掘和有效利用。乡村文化产业不仅具有深厚的文化底蕴，还具备较高的经济价值，是乡村文化振兴的重要载体。

在内涵上，乡村文化产业强调对乡村文化资源的创造性转化和创新性发展。通过运用现代科技手段和创意理念，将乡村文化元素融入产品设计、品牌塑造、营销推广等各个环节，打造具有地域特色和文化底蕴的文化产品和文化服务。这种创造性转化和创新性发展，不仅丰富了乡村文化产业的内涵，也提升了其市场竞争力和社会影响力。

（二）乡村文化产业的外延拓展

乡村文化产业的外延拓展，是指其在产业链、产业集群以及与其他产业的融合发展中所展现出的广阔空间。从产业链的角度看，乡村文化产业涵盖了文化内容的创作、生产、传播、消费等多个环节，形成了一个完整的产业链条。在这个链条中，各个环节相互衔接、相互促进，共同推动乡村文化产业的发展。

同时，乡村文化产业也呈现出集群化发展的趋势。通过建设文化产业园区、文化创意基地等平台，集聚了一批文化企业和创意人才，形成了文化产业集群。这些集群内部的企业和人才之间形成了紧密的合作关系，共同推动乡村文化产业的创新发展。

此外，乡村文化产业还与其他产业形成了深度融合。例如，与农业、旅游业等产业的融合发展，形成了农旅文化、乡村旅游等新型业态，为乡村文化产业的发展注入了新的活力。

（三）乡村文化产业在乡村文化振兴中的定位

乡村文化产业在乡村文化振兴中扮演着重要角色。它是乡村文化振兴的重要抓手和推动力，通过发展文化产业，可以挖掘和传承乡村文化，提升乡村文化的知名度和影响力；同时，文化产业的发展也可以带动乡村经济的发展，促进农民增收致富，推动乡村社会的全面进步。

因此，我们要深刻认识到乡村文化产业的重要性，将其作为乡村文化振兴实践创新的重要内容加以推进。通过政策扶持、资金投入、人才培养等措施，推动乡村文化产业的发展壮大，为乡村文化振兴注入新的动力。

乡村文化产业是一个具有丰富内涵和广阔外延的概念。它不仅是乡村文化振兴的重要载体，也是推动乡村经济社会发展的重要力量。在未来的发展中，我们应继续深化对乡村文化产业的理解和研究，探索其发展的新路径和新模式，为乡村文化振兴实践创新做出更大的贡献。

二、乡村文化产业的独特性

乡村文化产业作为乡村文化振兴的重要组成部分，不仅承载着传承和发展乡村文化的使命，更以其独特的魅力和优势，成为推动乡村经济社会发展的新动力。

（一）地域性与民族性的融合

乡村文化产业具有鲜明的地域性和民族性特征。每一片乡村土地都孕育着独特的文化基因，这些基因通过世代相传，形成了丰富多彩的地域文化和民族文化。乡村文化产业深入挖掘这些文化资源，将其转化为具有地域特色和民族风情的文化产品，如地方戏曲、民间手工艺、民族节庆等，从而展现出独特的地域魅力和民族风情。

（二）生态性与可持续性的共生

乡村文化产业注重生态性与可持续性的发展。乡村地区拥有优美的自然环境和丰富的生态资源，这为文化产业的发展提供了得天独厚的条件。乡村文化产业在发展过程中，充分利用这些生态资源，发展生态旅游、生态农业等绿色产业，实现文化产业与生态环境的和谐共生。同时，乡村文化产业也注重可持续发展，通过科技创新和产业升级，提高资源利用效率，降低环境污染，实现文化产业的可持续发展。

（三）传统与现代的创新结合

乡村文化产业在传承传统文化的同时，也积极融入现代元素，实现传统与现代的创新结合。乡村文化产业通过现代科技手段，对传统文化进行创新性转化和发展，如利用数字技术对传统手工艺进行改造升级，打造数字化文化产品；通过互联网平台推广乡村文化，扩大乡村文化的影响力。这种传统与现代的创新结合，既保留了乡村文化的原汁原味，又赋予了其新的时代内涵，使乡村文化产业更具活力和竞争力。

（四）多元性与包容性的并存

乡村文化产业具有多元性和包容性的特征。乡村文化是一个多元的文化体系，涵盖了多个民族、多个地域的文化元素。乡村文化产业在发展过程中，充分尊重各种文化的差异性和多样性，以包容的态度吸纳各种文化资源，形成多元化的文化产品和文化服务。这种多元性与包容性的并存，使得乡村文化产业更具丰富性和多样性，能够满足不同消费者的需求。

（五）社会性与经济性的双赢

乡村文化产业还具有社会性和经济性的双赢特征。一方面，乡村文化产业通过传承和发展乡村文化，提升了乡村居民的文化素养和文化自觉，增强了乡村社会的凝聚力和向心力；另一方面，乡村文化产业的发展也为乡村经济注入了新的活力，带动了相关产业的发展，促进了农民增收致富。这种社会性与经济性的双赢，使得乡村文化产业成为推动乡村文化振兴和经济社会发展的重要力量。

乡村文化产业的独特性在于其地域性与民族性的融合、生态性与可持续性的共生、传统与现代的创新结合、多元性与包容性的并存以及社会性与经济性的双赢。这些独特性使得乡村文化产业在乡村文化振兴实践创新中发挥着不可替代的作用，为乡村文化的传承与发展注入了新的活力。

三、乡村文化产业的多元性

乡村文化产业以其多元性的特征，为乡村文化振兴实践创新注入了丰富内涵和无限活力。这种多元性不仅体现在文化资源的多样性上，还体现在文化产品、市场需求、发展路径以及产业融合等多个方面。

（一）文化资源的多元性

乡村地区拥有丰富的文化资源，包括自然景观、历史遗迹、民俗风情、传统工艺等。这些资源具有独特的文化内涵和价值，是乡村文化产业发展的宝贵财富。通过深入挖掘和整理这些资源，可以形成具有地域特色和民族风情的文化产品，满足不同消费者的需求。同时，这种文化资源的多元性也为乡村文化产业的发展提供了广阔的空间和无限的可能性。

（二）文化产品的多元性

乡村文化产业以文化产品为载体，展现出多元化的特点。这些文化产品包括手工艺品、旅游纪念品、地方特色食品、文艺演出等，它们既具有实用功能，又蕴含深厚的文化内涵。这些文化产品的多元性不仅丰富了乡村文化的内涵，也提升了乡村文化的市场竞争力。通过不断创新和升级，乡村文化产品可以不断拓展市场份额，推动乡村文化产业的发展。

（三）市场需求的多元性

随着消费者需求的多样化，乡村文化产业也呈现出市场需求的多元性。不同的消费者群体对文化产品的需求各不相同，有的注重产品的文化内涵，有的追求产品的实用性和美观性，还有的关注产品的环保和可持续性。因此，乡村文化产业需要密切关注市场动态，根据市场需求调整产品结构和经营策略，以满足不同消费者的需求。

（四）发展路径的多元性

乡村文化产业的发展路径也是多元化的。不同地区、不同文化背景下的乡村文化产业，其发展路径各具特色。有的地区依托丰富的自然资源和人文景观，发展生态旅游和文化体验产业；有的地区则依托传统工艺和民间艺术，发展手工艺品和文艺演出产业。这种发展路径的多元性使得乡村文化产业更具活力和创新性，能够更好地适应市场变化和社会发展。

（五）产业融合的多元性

乡村文化产业具有与其他产业高度融合的特点，这种融合性也呈现出多元性。一方面，乡村文化产业可以与农业、旅游业等产业融合，形成农旅结合、文旅融合的发展模式，推动乡村经济的多元化发展；另一方面，乡村文化产业还可以与科技、教育等产业融合，利用现代科技手段提升文化产品的附加值和市场竞争力，同时推动乡村文化的传承和创新。

乡村文化产业的多元性体现在文化资源、文化产品、市场需求、发展路径以及产业融合等多个方面。这种多元性不仅丰富了乡村文化的内涵和外延，也为乡村文化振兴实践创新提供了丰富的素材和广阔的空间。在未来的发展中，我们应进一步挖掘和发挥乡村文化产业的多元性优势，推动乡村文化产业的繁荣发展，为乡村文化振兴注入新的动力。

四、乡村文化产业的市场潜力

乡村文化产业作为乡村文化振兴实践创新的重要领域，其市场潜力巨大，不仅有助于推动乡村经济社会的全面发展，更能够激发乡村文化的内在活力，实现文化的传承与创新。

（一）消费升级带来的市场需求增长

随着社会经济的发展和人民生活水平的提高，消费者对文化产品的需求日益旺盛，尤其是对具有地域特色和民族风情的文化产品表现出浓厚的兴趣。乡村文化产业以其独特的文化资源和产品特色，正逐渐成为消费者追求个性化、差异化消费的重要选择。

在消费升级的大背景下，乡村文化产业可以针对不同消费群体的需求，开发出多样化、高品质的文化产品。例如，结合乡村自然景观和人文历史，开发乡村旅游线路和文化体验项目；挖掘传统手工艺和民间艺术，打造具有地域特色的手工艺品和文创产品；利用现代科技手段，将乡村文化元素融入影视、动漫等文化创意产业。这些产品不仅能够满足消费者的审美和娱乐需求，还能够传递乡村文化的独特魅力，进一步提升乡村文化产业的市场竞争力。

（二）政策支持推动产业发展壮大

近年来，国家和地方政府对乡村文化产业的发展给予了高度重视和大力支持，出台了一系列政策措施，为乡村文化产业的发展提供了有力保障。这些政策包括财政补贴、税收优惠、金融支持等方面，旨在降低乡村文化企业的经营成本，提高市场竞争力，促进产业的健康发展。

政策的支持不仅为乡村文化产业提供了资金和资源保障，更为产业发展创造了良好的外部环境。在政策的推动下，越来越多的企业和投资者开始关注乡村文化产业，投入更多的资金和人力，推动产业的创新和发展。同时，政策的引导也促进了乡村文化产业与其他产业的融合发展，形成了更加完整的产业链条和产业集群，进一步提升了乡村文化产业的市场潜力。

（三）国际交流拓展市场空间

随着全球化进程的加速和"一带一路"倡议的深入推进，乡村文化产业也迎来了更加广阔的国际市场空间。通过加强与国际间的文化交流与合作，乡村文化产业可以吸收借鉴国际先进经验和技术，提升产品的品质和竞争力；同时，也可以将乡村文化的独特魅力展示给世界，增强乡村文化的国际影响力。

在国际交流中，乡村文化产业可以积极参与国际文化展览、艺术节等活动，展示乡村文化的魅力和特色；加强与国外文化企业的合作与交流，共同开发文化市场；利用跨境电商等平台，将乡村文化产品推向国际市场。这些举措将有助于拓展乡村文化产业的市场空间，提升产业的国际竞争力，为乡村文化振兴实践创新注入新的活力。

乡村文化产业的市场潜力巨大，具有广阔的发展前景。通过抓住消费升级、政策支持和国际交流等机遇，乡村文化产业将不断壮大，成为推动乡村文化振兴实践创新的重要引擎。

五、乡村文化产业的社会价值

乡村文化产业作为乡村文化振兴实践创新的重要组成部分，在推动乡村经济发展、传承乡土文化、促进社会和谐以及提升乡村居民生活质量等方面发挥着不可替代的作用。

（一）促进乡村经济发展，助力乡村产业振兴

乡村文化产业以其独特的文化魅力和创意元素，为乡村经济发展注入了新的活力。一方面，乡村文化产业通过开发具有地域特色和文化内涵的文化产品，如手工艺品、民俗表演等，丰富了乡村经济的产业结构，为乡村居民提供了更多的就业机会和收入来源。另一方面，乡村文化产业的发展也带动了相关产业链的发展，如旅游、餐饮、住宿等服务业的兴起，进一步推动了乡村经济的多元化发展。

通过发展乡村文化产业，我们可以将乡村的传统文化资源转化为经济价值，实现文化资源的有效利用和乡村经济的可持续发展。这不仅有助于提升乡村地区的整体经济实力，更为乡村居民提供了更多的致富途径，助力乡村产业振兴和脱贫攻坚。

（二）传承乡土文化，弘扬乡村精神

乡村文化产业在传承乡土文化、弘扬乡村精神方面发挥着重要作用。乡村文化是中华民族传统文化的重要组成部分，蕴含着丰富的历史信息和深厚的文化底蕴。通过发展乡村文化产业，我们可以深入挖掘和整理乡村文化资源，将其以更加生动、直观的形式呈现给公众，让更多的人了解和认识乡村文化的独特魅力。

同时，乡村文化产业的发展也为乡土文化的传承和创新提供了平台。通过创意设计和现代科技手段的运用，我们可以将传统的乡村文化元素与现代审美相结合，打造出具有时代特色的乡村文化产品，让乡土文化在新的时代背景下焕发出新的生机和活力。

（三）促进社会和谐，增强乡村凝聚力

乡村文化产业的发展有助于促进乡村社会的和谐稳定，增强乡村凝聚力。

一方面，乡村文化产业通过举办各类文化活动，如文化节庆、民俗表演等，为乡村居民提供了交流互动的平台，增进了邻里之间的了解和友谊。这些活动不仅丰富了乡村居民的精神文化生活，也提升了他们的文化素养和审美能力。

另一方面，乡村文化产业的发展也促进了城乡之间的文化交流与融合。通过乡村文化产品的展示和推广，我们可以让城市居民更好地了解和体验乡村文化，增进城乡之间的文化认同和情感联系。这种文化交流与融合有助于打破城乡之间的隔阂和偏见，促进城乡之间的协调发展。

（四）提升乡村居民生活质量，实现全面发展

乡村文化产业的发展对于提升乡村居民的生活质量具有重要意义。一方面，乡村文化产业为乡村居民提供了更多的就业机会和创业平台，让他们能够在自己的家乡实现就业和致富，提高了他们的收入水平和生活质量。另一方面，乡村文化产业的发展也带动了乡村基础设施和公共服务设施的完善，如文化活动中心、图书馆等设施的建设，为乡村居民提供了更好的文化服务和学习条件。

此外，乡村文化产业的发展还有助于提升乡村居民的文化素养和综合素质。通过参与文化活动和文化产业的经营与管理，乡村居民可以接触到更多的文化知识和现代科技手段，提升自己的文化素养和创新能力。这种全面的发展不仅有助于乡村居民个人的成长和进步，也为乡村社会的整体发展提供了有力的人才保障。

乡村文化产业在促进乡村经济发展、传承乡土文化、促进社会和谐以及提升乡村居民生活质量等方面具有显著的社会价值。通过发展乡村文化产业，我们可以实现文化资源的有效利用和乡村经济的可持续发展，推动乡村社会的全面进步和繁荣。因此，我们应该高度重视乡村文化产业的发展，加大政策扶持和投入力度，为乡村文化产业的繁荣发展创造更加有利的条件和环境。

第二节 乡村文化产业发展的现状与趋势

一、乡村文化产业的发展现状

乡村文化产业作为乡村文化振兴的重要组成部分，不仅具有显著的经济价值，更蕴含着丰富的社会价值。通过发展乡村文化产业，我们可以实现文化传承、促进社会和谐、提升乡村形象、推动乡村治理现代化以及增强文化自信等多方面的社会价值。

（一）文化传承与创新

乡村文化产业是乡村文化传承与创新的重要载体。通过挖掘、整理和开发乡村文化资源，乡村文化产业能够将乡村文化的独特魅力和深厚底蕴展现给世人。同时，乡村文化产业还能够将传统文化与现代元素相结合，创造出具有时代特色的文化产品，推动乡村文化的创新发展。这种文化传承与创新的过程，不仅有助于保持乡村文化的生命力，更能够激发乡村居民的文化自觉和文化自信。

（二）促进社会和谐

乡村文化产业的发展能够带动乡村经济的繁荣，提高乡村居民的生活水平，从而有助于促进乡村社会的和谐稳定。通过参与文化产业活动，乡村居民可以拓宽视野、增长知识、提升素质，增强自身的社会适应能力。同时，文化产业活动还能够增进乡村居民之间的交流与互动，加强社区凝聚力和向心力，形成和谐友善的乡村社会氛围。

（三）提升乡村形象

乡村文化产业的发展有助于提升乡村的整体形象。通过打造具有地域特色和民族风情的文化产品和文化品牌，乡村文化产业能够将乡村的独特魅力展示给外界，吸引更多的游客和投资者前来观光、投资和创业。这种形象的提升不仅能够增强乡村的知名度和美誉度，更能够带动乡村经济的全面发展，为乡村振兴注入新的动力。

（四）推动乡村治理现代化

乡村文化产业的发展还能够推动乡村治理的现代化进程。通过引入现代企业管理理念和市场化运作机制，乡村文化产业能够提升乡村文化企业的管理水平和市场竞争力。同时，文化产业的发展还能够促进乡村社会的法治化建设，提高乡村居民的法治意识和法律素养，推动乡村治理向更加规范化、法治化的方向发展。

（五）增强文化自信

乡村文化产业的发展对于增强文化自信具有重要意义。通过传承和弘扬乡村文化，乡村文化产业能够让乡村居民更加深入地了解自己的文化根源和历史传统，从而增强对本土文化的认同感和自豪感。同时，乡村文化产业还能够将乡村文化的独特价值展示给世界，提升中华文化的国际影响力，增强全民族的文化自信。

乡村文化产业的社会价值体现在文化传承与创新、促进社会和谐、提升乡村形象、推动乡村治理现代化以及增强文化自信等多个方面。通过发展乡村文化产业，我们可以实现乡村文化的全面振兴，推动乡村社会的全面进步和发展。

二、乡村文化产业的发展趋势

乡村文化产业作为乡村文化振兴实践创新的重要抓手，正呈现出蓬勃发展的态势。随着时代的进步和社会的发展，乡村文化产业正面临着前所未有的发展机遇，展现出多种趋势。

（一）特色化、品牌化发展趋势

随着市场竞争的加剧和消费者需求的多样化，乡村文化产业越来越注重特色化和品牌化的发展。乡村地区拥有丰富多样的文化资源，包括自然景观、历史遗迹、民俗风情等，这些资源为乡村文化产业提供了独特的素材和灵感。乡村文化产业通过深入挖掘这些资源的文化内涵和价值，打造具有地域特色和民族风情的文化产品和服务，形成独特的品牌优势。同时，通过品牌营销和宣传推广，提升乡村文化产业的知名度和美誉度，吸引更多消费者和投资者。

（二）融合化、多元化发展趋势

乡村文化产业正朝着融合化和多元化的方向发展。一方面，乡村文化产业积极与其他产业进行融合，形成文化产业与农业、旅游业、教育业等产业的融合发展模式。这种融合不仅丰富了乡村文化产业的内涵和外延，也拓展了乡村文化产业的市场空间和发展潜力。另一方面，乡村文化产业内部也在实现多元化发展，包括文化产品的多样化、文化服务的多元化等。这种多元化发展趋势使得乡村文化产业更具活力和创新性，能够更好地满足消费者的多元化需求。

（三）数字化、网络化发展趋势

随着信息技术的快速发展和互联网的普及，乡村文化产业正迎来数字化、网络化的发展机遇。数字化技术为乡村文化产业的创新和发展提供了强大的技术支持，使得文化产品的制作、传播和推广更加便捷高效。同时，互联网平台为乡村文化产业提供了更广阔的市场空间和更丰富的营销手段。通过线上线下的结合，乡村文化产业可以打破地域限制，实现跨区域的资源共享和市场拓展。

（四）国际化、开放化发展趋势

随着全球化进程的加速推进，乡村文化产业正逐步走向国际化和开放化。乡村文化产业通过参与国际文化交流与合作，吸收借鉴国际先进经验和技术，提升自身的发展水平和竞争力。同时，乡村文化产业也积极向国际市场拓展，将具有地域特色和民族风情的文化产品和服务推向世界舞台。这种国际化、开放化的发展趋势有助于提升乡村文化产业的国际影响力，推动乡村文化的传播和传承。

乡村文化产业正面临着特色化、品牌化、融合化、多元化、数字化、网络化以及国际化、开放化的发展趋势。这些趋势为乡村文化产业的创新和发展提供了广阔的空间和无限的可能。在未来的发展中，我们应紧抓这些趋势，推动乡村文化产业实现高质量发展，为乡村文化振兴实践创新注入新的活力和动力。

三、乡村文化产业的政策支持

乡村文化产业作为乡村文化振兴实践创新的重要载体，近年来受到了国家及地方政府的高度重视与大力扶持。通过出台一系列针对性强的政策措施，为乡村文化产业的繁荣发展提供了坚实的保障。

（一）财政资金支持政策

财政资金支持是乡村文化产业发展的重要保障。政府通过设立专项资金、提供财政补贴、降低税收等方式，为乡村文化产业提供直接的资金支持。这些资金可以用于文化项目的研发、文化基础设施的建设、文化人才的培养等方面，有效缓解了乡村文化产业资金短缺的问题，推动了产业的快速发展。

（二）产业融合发展政策

乡村文化产业具有天然的融合性，政府通过出台相关政策，鼓励乡村文化产业与农业、旅游、教育等产业融合发展。这种融合发展不仅有助于提升乡村文化产业的附加值和市场竞争力，还能带动相关产业的发展，形成产业联动效应。政府通过提供政策指导、搭建合作平台等方式，推动乡村文化产业与其他产业的深度融合，实现资源共享和优势互补。

（三）文化市场培育政策

政府注重培育乡村文化市场，通过加强市场监管、规范市场秩序、优化市场环境等方式，为乡村文化产业的发展创造良好的市场环境。同时，政府还通过举办文化节、文化展览等活动，提高乡村文化的知名度和影响力，吸引更多的消费者关注乡村文化产品。这些政策举措有效激发了乡村文化市场的活力，为乡村文化产业的发展提供了广阔的空间。

（四）人才引进与培养政策

人才是乡村文化产业发展的关键因素。政府通过实施人才引进计划、建立人才培养机制等方式，为乡村文化产业提供充足的人才支持。政府还鼓励高校、研究机构等加强与乡村文化产业的合作，培养具有创新精神和实践能力的人才。这些政策举措有效提升了乡村文化产业的人才素质，为产业的创新发展提供了有力的人才保障。

（五）国际合作与交流政策

随着全球化的深入推进，国际合作与交流在乡村文化产业发展中的作用日益凸显。政府通过加强与国外文化机构的合作与交流，引进国外先进的文化理念和技术手段，提升乡村文化产业的发展水平。同时，政府还鼓励乡村文化产业走出国门，参与国际文化市场的竞争与合作，提升乡村文化的国际影响力。这些政策举措为乡村文化产业的发展提供了更加广阔的国际视野和发展空间。

乡村文化产业的政策支持在乡村文化振兴实践创新中发挥着重要作用。通过财政资金支持、产业融合发展、文化市场培育、人才引进与培养以及国际合作与交流等方面的政策支持，为乡村文化产业的发展提供了强大的助力。未来，随着政策体系的不断完善和优化，乡村文化产业将迎来更加广阔的发展前景。

四、乡村文化产业的市场竞争

乡村文化产业作为乡村文化振兴实践创新的重要组成部分，其市场竞争日益激烈。这种竞争不仅推动了乡村文化产业自身的创新与发展，更为乡村文化的传承与振兴注入了新的活力。

（一）产品创新与差异化竞争

在市场竞争中，产品创新与差异化是乡村文化产业赢得市场份额的关键。乡村文化产业企业通过深入挖掘乡村文化的独特元素，结合现代审美需求，开发出具有地域特色和文化内涵的文化产品。这些产品不仅满足了消费者的多元化需求，更在市场中形成了独特的竞争优势。同时，企业还通过不断提升产品质量和服务水平，增强消费者的忠诚度和满意度，从而在激烈的市场竞争中脱颖而出。

（二）品牌建设与营销推广

品牌建设与营销推广是乡村文化产业提升市场竞争力的重要手段。乡村文化产业企业注重品牌形象的塑造和品牌文化的传播，通过打造具有独特魅力和影响力的文化品牌，提升产品在市场中的知名度和美誉度。同时，企业还利用多种渠道进行营销推广，如线上平台、社交媒体、文化节庆等，扩大产品的市场覆盖面和影响力。这些举措不仅提高了乡村文化产业的市场竞争力,更推动了乡村文化的广泛传播。

(三)产业链整合与协同发展

乡村文化产业的市场竞争也体现在产业链的整合与协同发展上。企业通过加强与上下游产业的合作与交流,形成完整的产业链条和产业集群,实现资源共享和优势互补。这种产业链整合不仅提高了企业的生产效率和经济效益,更推动了乡村文化产业的整体发展。同时,企业还注重与其他产业的融合发展,如农业、旅游、教育等,形成多元化的产业格局,为乡村文化产业的创新发展提供了更广阔的空间。

(四)国际视野与跨文化交流

在全球化的背景下,乡村文化产业的市场竞争已超越国界,呈现出国际化趋势。乡村文化产业企业积极拓展国际市场,参与国际文化交流与合作,吸收借鉴国际先进经验和技术,提升自身的发展水平和竞争力。同时,企业还注重跨文化交流,将乡村文化的独特魅力展示给世界,增强乡村文化的国际影响力。这种国际视野和跨文化交流不仅为乡村文化产业带来了更广阔的市场空间和发展机遇,更推动了乡村文化的全球化传播。

乡村文化产业的市场竞争是推动乡村文化振兴实践创新的重要动力源泉。通过产品创新与差异化竞争、品牌建设与营销推广、产业链整合与协同发展以及国际视野与跨文化交流等方面的努力,乡村文化产业不断提升自身的市场竞争力,为乡村文化的传承与振兴注入了新的活力。未来,随着市场竞争的加剧和消费者需求的不断变化,乡村文化产业将不断创新发展,为乡村文化振兴实践创新贡献更多力量。

五、乡村文化产业的国际合作与交流

在全球化的大背景下,乡村文化产业的国际合作与交流日益频繁,成为推动乡村文化振兴实践创新的重要力量。通过国际合作与交流,乡村文化产业不仅拓展了发展空间,还提升了国际影响力,为乡村文化的传承与发展注入了新的活力。

（一）国际文化交流与合作平台搭建

乡村文化产业通过搭建国际文化交流与合作平台，为国内外乡村文化产业的交流与合作提供了便利。这些平台包括国际文化论坛、文化展览、艺术节等，为乡村文化产业提供了展示自身特色与魅力的舞台，也促进了不同国家、不同地区之间的文化交流与互动。通过这些平台，乡村文化产业企业可以了解国际市场的需求和趋势，学习借鉴国际先进经验和技术，推动自身的发展与创新。

（二）乡村文化资源的国际共享

乡村文化产业注重乡村文化资源的挖掘与整理，通过国际合作与交流，实现乡村文化资源的国际共享。这包括乡村文化遗产的保护与传承、乡村文化元素的创新应用等方面。通过与国际组织、外国文化机构等合作，乡村文化产业可以将本土文化资源推向国际舞台，让更多的人了解和欣赏乡村文化的独特魅力。同时，也可以引进国外优秀的乡村文化资源，丰富本土乡村文化产业的内涵和外延。

（三）国际市场开拓与品牌推广

乡村文化产业通过国际合作与交流，积极开拓国际市场，推广本土文化品牌。通过与国外文化企业合作，乡村文化产业可以进军国际市场，拓展销售渠道，提升产品的国际竞争力。同时，通过参加国际文化展览、文化节等活动，乡村文化产业可以展示本土文化品牌的特色与优势，提升品牌的知名度和美誉度。这些举措不仅有助于乡村文化产业的经济发展，更有助于提升乡村文化的国际影响力。

（四）国际人才培养与交流

乡村文化产业注重国际人才培养与交流，通过与国际知名高校、研究机构等合作，培养具有国际视野和创新精神的文化人才。同时，也鼓励本土文化人才走出国门，参与国际文化交流与合作，学习国际先进文化理念和技术手段。这些人才将成为乡村文化产业创新发展的中坚力量，推动乡村文化产业向更高水平发展。

（五）国际文化政策与法规的借鉴与合作

乡村文化产业在国际合作与交流中，注重学习和借鉴国际文化政策与法规，为自身的发展提供有力的制度保障。通过与国际组织、外国政府等合作，乡村文化产业可以了解国际文化市场的规则和标准，推动本土文化产业的规范化发展。同时，也可以参与国际文化政策与法规的制定和修改，为乡村文化产业的发展争取更多的国际支持和合作机会。

乡村文化产业的国际合作与交流在乡村文化振兴实践创新中发挥着重要作用。通过搭建国际文化交流与合作平台、实现乡村文化资源的国际共享、开拓国际市场与品牌推广、培养国际人才以及借鉴与合作国际文化政策与法规等方面的努力，乡村文化产业不断提升自身的国际竞争力和影响力，为乡村文化的传承与发展注入新的活力。

第三节　乡村文化产业的创新模式

一、文化创意与乡村文化产业的融合

在乡村文化振兴的实践中，文化创意与乡村文化产业的融合已成为推动创新发展的重要力量。通过深入挖掘乡村文化的独特魅力，结合现代文化创意理念，不仅可以焕发乡村文化的生机与活力，还能为乡村经济发展注入新的动力。

（一）挖掘乡村文化价值，激发创新活力

乡村文化作为中华民族优秀传统文化的重要组成部分，蕴含着丰富的历史底蕴和人文内涵。通过文化创意的手段，可以深入挖掘乡村文化的独特价值，将其转化为具有市场竞争力的文化产品。这既是对乡村文化的一种传承与弘扬，也是对乡村文化产业的一种创新与发展。在挖掘乡村文化价值的过程中，需要注重文化元素的提炼与整合，结合现代审美需求，创造出具有时代感和地域特色的文化产品。这些产品不仅能够满足消费者的多元化需求，还能在市场中形成独特的竞争优势，为乡村文化产业的发展提供源源不断的创新动力。

（二）打造乡村文化品牌，提升产业价值

文化创意与乡村文化产业的融合，有助于打造具有独特魅力的乡村文化品牌。通过整合乡村文化资源，结合文化创意的设计理念，可以塑造出具有鲜明个性和文化内涵的文化品牌。这些品牌不仅代表着乡村文化的形象与特色，也是乡村文化产业发展的重要支撑。在品牌打造过程中，需要注重品牌文化的传播和品牌形象的塑造，通过多元化的营销手段，提升品牌的知名度和美誉度。同时，还需要加强品牌管理与维护，确保品牌形象的稳定性和持续性。通过打造乡村文化品牌，可以进一步提升乡村文化产业的市场竞争力和产业价值，推动乡村经济的持续发展。

（三）促进产业融合发展，拓展发展空间

文化创意与乡村文化产业的融合，有助于促进相关产业的融合发展。通过跨界合作与资源整合，可以实现文化创意、农业、旅游、教育等多个产业的深度融合。这种融合发展不仅可以提升乡村文化产业的附加值和市场竞争力，还能带动相关产业的共同发展，形成产业联动效应。在产业融合发展过程中，需要注重产业间的互补与协同，实现资源共享和优势互补。同时，还需要加强政策引导与支持，为产业融合发展提供良好的环境和条件。通过促进产业融合发展，可以进一步拓展乡村文化产业的发展空间，为乡村文化振兴实践创新提供更多的机遇和可能。

文化创意与乡村文化产业的融合是推动乡村文化振兴实践创新的重要力量。通过挖掘乡村文化价值、打造乡村文化品牌、促进产业融合发展等方面的努力，可以焕发乡村文化的生机与活力，为乡村经济发展注入新的动力。未来，随着文化创意产业的不断发展和乡村文化振兴战略的深入实施，文化创意与乡村文化产业的融合将呈现出更加广阔的前景和更加丰富的内涵。

二、科技支撑与乡村文化产业的发展

科技作为当代社会发展的重要引擎，对乡村文化产业的振兴实践创新起到了至关重要的推动作用。科技不仅为乡村文化产业提供了创新发展的技术支撑，还为其市场拓展、产业升级等方面带来了无限可能。以下从四个方面

详细阐述科技支撑与乡村文化产业发展的紧密关系及其在乡村文化振兴实践创新中的重要角色。

（一）科技引领乡村文化产业创新

科技创新是推动乡村文化产业发展的关键动力。随着科技的进步，越来越多的新技术、新应用被引入到乡村文化产业中，为其带来了前所未有的发展机遇。例如，虚拟现实、增强现实等技术的应用，让乡村文化的展示和传播更加生动、直观；人工智能、大数据等技术的运用，则使得乡村文化产业的市场分析、用户画像等更加精准、高效。这些科技创新不仅提升了乡村文化产业的附加值和市场竞争力，更为其创新发展注入了强大的动力。

（二）科技促进乡村文化产业市场拓展

市场拓展是乡村文化产业发展的重要一环。科技的应用为乡村文化产业的市场拓展提供了有力支持。通过互联网、移动互联网等平台的推广，乡村文化产业可以突破地域限制，实现全国乃至全球范围内的市场拓展。同时，电子商务平台、社交媒体等也为乡村文化产业的营销和推广提供了更多元化、更高效的手段。这些科技手段的运用，不仅拓宽了乡村文化产业的市场渠道，还提升了其品牌知名度和市场影响力。

（三）科技推动乡村文化产业产业升级

产业升级是乡村文化产业发展的必然趋势。科技的应用为乡村文化产业的产业升级提供了有力支撑。通过引入先进的生产技术和管理理念，乡村文化产业可以实现生产过程的智能化、自动化，提高生产效率和产品质量。同时，科技还可以推动乡村文化产业与其他产业的融合发展，形成产业链上下游的协同创新和共赢发展。这些科技驱动的产业升级举措，有助于提升乡村文化产业的整体竞争力和可持续发展能力。

（四）科技提升乡村文化产业人才素质

人才是乡村文化产业发展的核心要素。科技的应用为提升乡村文化产业人才素质提供了有效途径。通过加强科技教育和培训，可以培养出一批既懂文化又懂科技的复合型人才，为乡村文化产业的发展提供有力的人才保障。同时，科技还可以为乡村文化产业人才提供更多的学习和交流机会，促进其知识更新和技能提升。这些科技人才的涌现和成长,将为乡村文化产业的创新发展提供源源不断的智力支持。

科技支撑在乡村文化产业的发展中发挥着举足轻重的作用。通过引领创新、拓展市场、推动产业升级和提升人才素质等方面的努力,科技为乡村文化产业的振兴实践创新提供了强大的驱动力。未来,随着科技的不断进步和应用领域的不断拓展,科技支撑与乡村文化产业发展的关系将更加紧密,共同推动乡村文化振兴实践创新的深入发展。

三、乡村文化产业的品牌化建设

在乡村文化振兴的实践创新中,乡村文化产业的品牌化建设无疑是一项关键的战略选择。通过品牌化建设,乡村文化产业不仅能够提升市场竞争力,还能够实现可持续发展,推动乡村文化的广泛传播与深度发展。

(一)明确品牌定位,塑造独特形象

品牌定位是乡村文化产业品牌化建设的基础。乡村文化产业应深入挖掘自身的文化特色和资源优势,结合市场需求和消费者偏好,明确品牌定位。通过精准定位,乡村文化产业可以塑造出独特、鲜明的品牌形象,提升品牌识别度和记忆度。同时,品牌定位还需要与乡村文化振兴的战略目标相契合,确保品牌化建设能够有力推动乡村文化的传承与发展。

(二)注重品质提升,强化品牌信誉

品质是品牌化建设的核心。乡村文化产业应不断提升产品或服务的质量,确保满足消费者的期望和需求。通过加强品质管理,乡村文化产业可以赢得消费者的信任和忠诚,进而提升品牌信誉。同时,品质提升还有助于乡村文化产业在市场中树立良好的口碑,为品牌的长期发展奠定坚实基础。

(三)加强营销推广,扩大品牌影响

营销推广是乡村文化产业品牌化建设的重要手段。乡村文化产业应充分利用各种营销渠道和媒介,积极宣传和推广自身品牌。通过线上线下的营销活动,乡村文化产业可以扩大品牌知名度,提升品牌美誉度。同时,还可以通过与旅游、教育等相关产业的合作,实现品牌资源的共享和互补,进一步

提升品牌影响力和市场竞争力。

（四）创新品牌发展，增强品牌活力

创新是品牌化建设的动力源泉。乡村文化产业应不断探索品牌发展的新思路、新路径，为品牌注入新的活力和动力。通过创新产品设计、服务模式、营销手段等，乡村文化产业可以不断满足消费者的新需求和新期待，提升品牌的竞争力和吸引力。同时，还可以通过与文化创意、科技创新等领域的融合，为品牌发展注入更多的创新元素和时代特色。

乡村文化产业的品牌化建设是推动乡村文化振兴实践创新的重要战略选择。通过明确品牌定位、注重品质提升、加强营销推广和创新品牌发展等方面的努力，乡村文化产业可以打造出具有独特魅力和市场竞争力的品牌，为乡村文化的传承与发展注入新的活力和动力。未来，随着品牌化建设的不断深入和完善，乡村文化产业将成为推动乡村文化振兴的重要力量，为乡村的全面发展贡献更多智慧和力量。

四、乡村文化产业与旅游业的结合

乡村文化产业与旅游业的结合，是乡村文化振兴实践创新的重要融合之道。通过将乡村文化元素融入旅游业中，不仅可以丰富旅游产品的文化内涵，提升旅游业的竞争力，还能促进乡村文化产业的繁荣发展，实现文化与经济的双赢。

（一）丰富旅游产品文化内涵

乡村文化产业与旅游业的结合，为旅游产品注入了丰富的文化内涵。通过将乡村文化元素如传统手工艺、民间艺术、民俗活动等融入旅游产品中，使游客在欣赏自然风光的同时，也能感受到乡村文化的独特魅力。这种具有文化内涵的旅游产品，不仅能够满足游客对于文化体验的需求，还能提升旅游产品的附加值和市场竞争力。

（二）推动乡村文化产业创新发展

旅游业的发展为乡村文化产业提供了广阔的市场空间和创新发展的机遇。通过与旅游业的结合，乡村文化产业可以开发出更多具有地方特色的文

化产品，如特色工艺品、地方美食等，满足游客的多样化需求。同时，旅游业的发展也为乡村文化产业带来了更多的资本和人才支持，推动其实现创新发展。

（三）促进乡村经济多元化发展

乡村文化产业与旅游业的结合，有助于促进乡村经济的多元化发展。通过发展乡村旅游，可以吸引更多的游客前来游览和消费，带动乡村餐饮、住宿、交通等相关产业的发展。同时，乡村文化产业的发展也可以为乡村经济注入新的动力，提升乡村的整体经济实力和可持续发展能力。

（四）加强乡村文化保护与传承

乡村文化产业与旅游业的结合，有助于加强乡村文化的保护与传承。通过发展乡村旅游，可以让更多的人了解和认识乡村文化，提高其对乡村文化的认同感和保护意识。同时，旅游业的发展也可以为乡村文化的传承提供资金和资源支持，促进乡村文化的可持续发展。

（五）提升乡村社会文明程度

乡村文化产业与旅游业的结合，对于提升乡村社会文明程度具有积极意义。随着旅游业的发展，乡村地区的基础设施建设、环境卫生、公共服务等方面都会得到改善，从而提升乡村居民的生活质量。同时，旅游业的兴起也会促进乡村地区与外界的交流与互动，推动乡村社会的开放与进步。

乡村文化产业与旅游业的结合是乡村文化振兴实践创新的重要融合之道。通过丰富旅游产品文化内涵、推动乡村文化产业创新发展、促进乡村经济多元化发展、加强乡村文化保护与传承以及提升乡村社会文明程度等方面的努力，可以实现乡村文化与旅游业的互利共赢，推动乡村文化振兴的深入发展。未来，随着这一融合模式的不断探索和完善，乡村文化产业与旅游业将共同为乡村的全面振兴贡献更多力量。

五、乡村文化产业的跨界合作

在乡村文化振兴的实践创新中，跨界合作正成为乡村文化产业发展的重要策略。通过跨界合作，乡村文化产业能够突破传统界限，与不同领域进行深度融合，从而创造出更多元化、更具创新性的文化产品和服务。

（一）拓展合作领域，实现资源共享

跨界合作的首要任务是拓展合作领域，实现资源共享。乡村文化产业应积极寻求与其他产业的合作机会，如农业、旅游、教育、科技等，通过资源共享和优势互补，实现共赢发展。例如，乡村文化产业可以与农业产业合作，共同开发具有地方特色的农产品和文化创意产品；与旅游产业合作，打造具有文化内涵的乡村旅游线路；与教育产业合作，开展乡村文化教育活动和研学旅行等。这些跨界合作不仅能够为乡村文化产业带来新的发展机遇，也能够为其他产业注入文化元素，提升整体竞争力。

（二）创新合作模式，提升产业价值

跨界合作的成功与否，很大程度上取决于合作模式的创新。乡村文化产业应积极探索新型合作模式，如战略联盟、联合营销、共创品牌等，以提升产业价值。通过战略联盟，乡村文化产业可以与其他产业形成长期稳定的合作关系，共同开拓市场；通过联合营销，可以整合各方资源，实现品牌价值的最大化；通过共创品牌，可以形成具有独特文化内涵和市场影响力的品牌体系。这些创新合作模式有助于乡村文化产业在市场中树立独特地位，提升整体竞争力。

（三）推动文化创新，丰富文化内涵

跨界合作的核心在于推动文化创新，丰富文化内涵。乡村文化产业应充分利用跨界合作的机会，引入其他领域的创意和理念，推动乡村文化的创新发展。例如，可以与艺术家、设计师等合作，将乡村文化元素与现代设计理念相结合，创造出具有独特魅力的文化产品；可以与科技公司合作，运用新技术手段对乡村文化进行数字化呈现和传播，拓展乡村文化的传播渠道和影响力。这些文化创新不仅能够丰富乡村文化的内涵，也能够提升乡村文化产业的市场吸引力。

（四）培养跨界人才，提升合作能力

跨界合作需要具备跨界思维和跨界能力的人才支持。乡村文化产业应重视跨界人才的培养和引进，提升合作能力。可以通过与高校、研究机构等合作，

共同培养具备跨界知识和技能的复合型人才；可以通过举办培训班、研讨会等活动，提升现有从业人员的跨界意识和能力；还可以通过引进外部人才，为乡村文化产业注入新的活力和创意。这些跨界人才的加入将有助于推动乡村文化产业跨界合作的深入开展。

乡村文化产业的跨界合作是乡村文化振兴实践创新的重要路径。通过拓展合作领域、创新合作模式、推动文化创新、培养跨界人才等方面的努力，乡村文化产业可以实现与其他产业的深度融合和互利共赢，为乡村文化的传承与发展注入新的活力和动力。未来，随着跨界合作模式的不断探索和完善，乡村文化产业将成为推动乡村文化振兴的重要力量。

第四节 乡村文化产业与乡村振兴的融合

一、乡村文化产业在乡村振兴中的地位与作用

乡村文化产业作为乡村振兴的重要组成部分，其在推动乡村文化振兴实践创新中扮演着举足轻重的角色。乡村文化产业不仅承载着传承乡村文化的重要使命，还是推动乡村经济发展的重要引擎，同时也是实现乡村社会全面进步的重要支撑。

（一）乡村文化产业是乡村文化振兴的重要载体

乡村文化产业作为乡村文化的重要表现形式，是乡村文化振兴的重要载体。乡村文化产业通过挖掘、整理、传承和创新乡村文化，将乡村独特的文化元素融入到各种文化产品和服务中，使得乡村文化得以广泛传播和深入发展。同时，乡村文化产业还通过举办各种文化活动、建设文化设施等方式，为乡村居民提供丰富的文化娱乐生活，满足其精神文化需求，进一步提升乡村文化的影响力和凝聚力。

在乡村文化振兴的实践创新中，乡村文化产业发挥着不可替代的作用。它不仅能够推动乡村文化的创新发展，还能够提升乡村文化的市场竞争力，为乡村文化的可持续发展提供有力保障。因此，加强乡村文化产业的发展，对于推动乡村文化振兴具有重要意义。

（二）乡村文化产业是乡村经济发展的重要引擎

乡村文化产业作为乡村经济的重要组成部分，是乡村经济发展的重要引擎。随着人们对精神文化生活的需求不断增长，乡村文化产业的市场空间日益扩大。通过发展乡村文化产业，可以吸引更多的资本、技术和人才进入乡村，推动乡村产业结构的优化升级，提升乡村经济的整体竞争力。

同时，乡村文化产业的发展还能够带动相关产业的发展，形成产业链和产业集群效应，进一步推动乡村经济的繁荣。例如，乡村旅游业的发展可以带动餐饮、住宿、交通等相关产业的发展；乡村手工艺品的生产和销售可以带动原材料供应、包装设计等相关产业的发展。这些产业的发展不仅能够增加乡村居民的收入来源，还能够提升乡村经济的整体实力。

（三）乡村文化产业是乡村社会全面进步的重要支撑

乡村文化产业的发展对于推动乡村社会的全面进步具有重要意义。首先，乡村文化产业的发展可以提升乡村居民的文化素质和精神面貌，促进乡村社会的文明进步。通过参与文化活动、接受文化教育等方式，乡村居民可以不断提升自身的文化素养和审美能力，形成健康向上的生活方式和价值观念。

其次，乡村文化产业的发展还可以推动乡村社会的治理创新。通过引入现代管理理念和技术手段，乡村文化产业可以提升乡村社会治理的效率和水平，推动乡村社会的和谐稳定。例如，利用大数据、云计算等技术手段对乡村文化资源进行数字化管理和利用，可以提升乡村文化治理的智能化水平；通过举办文化活动、开展文化教育等方式，可以增强乡村居民的社区归属感和参与意识，推动乡村社会的共建共治共享。

乡村文化产业在乡村振兴中具有重要的地位和作用。它是乡村文化振兴的重要载体，是乡村经济发展的重要引擎，也是乡村社会全面进步的重要支撑。因此，我们应该充分认识乡村文化产业的重要性，加大对其的扶持力度，推动其持续健康发展，为乡村振兴贡献更大的力量。

二、乡村文化产业促进乡村经济发展的路径

乡村文化产业作为乡村经济的重要组成部分，其在促进乡村经济发展、推动乡村文化振兴实践创新中扮演着关键角色。

（一）挖掘乡村文化资源，打造特色文化品牌

乡村文化资源丰富多样，包括传统手工艺、民间艺术、民俗风情等。通过深入挖掘这些独特的文化资源，乡村文化产业能够形成具有地方特色的文化产品和服务，进而打造特色文化品牌。这些品牌不仅能够在市场上脱颖而出，吸引更多的消费者，还能够提升乡村文化的知名度和影响力，为乡村经济发展注入新的活力。

在挖掘乡村文化资源的过程中，应注重保护传统文化的完整性和原真性，避免过度商业化和同质化竞争。同时，还要结合市场需求和消费者喜好，对文化资源进行创新和转化，使其更符合现代审美和消费需求。

（二）发展乡村旅游，推动文化与旅游深度融合

乡村旅游是乡村文化产业的重要组成部分，也是推动乡村经济发展的重要途径。通过将乡村文化资源与旅游产业相结合，可以开发出具有文化内涵的旅游产品，吸引游客前来游览和消费。这不仅能够带动乡村餐饮、住宿、交通等相关产业的发展，还能够为乡村居民提供更多的就业机会和收入来源。

在推动文化与旅游深度融合的过程中，应注重提升旅游产品的文化内涵和附加值，增强游客的文化体验。同时，还要加强乡村旅游基础设施建设和服务质量提升，为游客提供更加舒适、便捷的旅游环境。

（三）培育文化市场主体，激发产业发展活力

培育文化市场主体是推动乡村文化产业发展的重要举措。通过引进和培育一批具有创新能力和市场竞争力的文化企业，可以推动乡村文化产业的规模化、专业化发展。这些企业不仅能够为乡村经济发展提供新的增长点，还能够带动相关产业链的发展，形成产业集群效应。

在培育文化市场主体的过程中，应注重政策扶持和资金支持，为企业提供良好的发展环境和条件。同时，还要加强市场监管和规范，确保文化市场的公平竞争和健康发展。

（四）加强人才培养和引进，提升产业发展水平

人才是推动乡村文化产业发展的关键因素。通过加强人才培养和引进，可以为乡村文化产业提供充足的人才保障和智力支持。在人才培养方面，应

注重培养具有创新思维和实践能力的文化创意人才和管理人才;在人才引进方面,应积极吸引外部优秀人才来乡村创业发展,为乡村文化产业注入新的活力和创意。

同时,还要加强人才激励机制建设,为人才提供更好的发展机会和待遇保障,激发其创新创造潜能。

乡村文化产业促进乡村经济发展的路径多种多样。通过挖掘乡村文化资源、发展乡村旅游、培育文化市场主体以及加强人才培养和引进等举措,可以推动乡村文化产业的繁荣发展,为乡村经济注入新的动力和活力,实现乡村文化振兴实践创新的目标。

三、乡村文化产业提升乡村文化软实力的方式

乡村文化产业作为乡村文化振兴的重要引擎,对于提升乡村文化软实力具有不可替代的作用。通过发展乡村文化产业,不仅可以传承和弘扬乡村文化,还能够增强乡村文化的吸引力和影响力,进而提升乡村的整体竞争力。

(一)挖掘与传承乡村文化精髓,塑造特色文化品牌

乡村文化产业要深入挖掘乡村文化的内在价值,传承乡村文化的精髓,通过创新方式将其转化为具有市场竞争力的文化产品和服务。这包括对乡村传统手工艺、民间艺术、民俗风情等资源的整理和挖掘,以及对乡村历史、故事、传说的整理和传承。通过塑造特色文化品牌,乡村文化产业能够将乡村文化的独特魅力展现给外界,提升乡村文化的知名度和美誉度。

在挖掘与传承乡村文化精髓的过程中,要注重保护乡村文化的原真性和完整性,避免过度商业化和同质化竞争。同时,还要结合现代审美和市场需求,对乡村文化进行创新性转化,使其更具时代感和吸引力。

(二)推动文化创新,增强乡村文化活力

乡村文化产业要积极推动文化创新,为乡村文化注入新的活力。这包括在内容创新方面,注重乡村文化的现代解读和时代表达,将乡村文化与现代生活方式相结合,创造出符合现代审美需求的文化产品;在形式创新方面,运用新技术、新媒介等手段,对乡村文化进行数字化呈现和传播,拓展乡村文化的传播渠道和影响力。

通过文化创新，乡村文化产业不仅能够提升乡村文化的吸引力和影响力，还能够激发乡村居民的文化自信和文化自觉，推动乡村文化的自我更新和发展。

（三）加强文化交流与合作，提升乡村文化国际影响力

乡村文化产业要加强与国内外其他地区的文化交流与合作，通过参与文化节、展览、论坛等活动，展示乡村文化的独特魅力，吸引更多的关注和资源。同时，还要积极引进外部优秀的文化资源和创意理念，为乡村文化产业的发展注入新的动力。

通过加强文化交流与合作，乡村文化产业不仅能够提升乡村文化的国际影响力，还能够拓宽乡村文化的发展视野和思路，推动乡村文化产业的开放性和包容性发展。

乡村文化产业通过挖掘与传承乡村文化精髓、推动文化创新以及加强文化交流与合作等方式，能够有效提升乡村文化软实力。这不仅有助于推动乡村文化的传承与发展，还能够增强乡村的综合竞争力，为乡村文化振兴实践创新提供有力支撑。

四、乡村文化产业推动乡村社会进步的机制

乡村文化产业作为乡村文化振兴实践创新的重要抓手，其在推动乡村社会进步方面发挥着不可替代的作用。通过发展乡村文化产业，不仅能够促进乡村经济的繁荣，还能够提升乡村居民的生活品质，推动乡村社会的全面进步。

（一）促进经济多元化发展，提升乡村居民收入水平

乡村文化产业的发展为乡村经济注入了新的活力，促进了经济结构的多元化发展。通过挖掘乡村文化资源，开发特色文化产品和服务，乡村文化产业为乡村居民提供了更多的就业机会和创业空间。这不仅有助于缓解乡村地区的就业压力，还能够提升乡村居民的收入水平，改善其生活条件。

同时，乡村文化产业的发展还带动了相关产业的发展，如旅游、餐饮、住宿等，形成了产业链效应。这种效应不仅进一步推动了乡村经济的繁荣，还为乡村社会提供了更多的公共服务设施，提升了乡村居民的生活质量。

（二）丰富乡村居民精神文化生活，提升文化素养

乡村文化产业的发展为乡村居民提供了丰富的精神文化生活。通过举办各类文化活动、建设文化设施，乡村文化产业为乡村居民提供了更多接触和学习传统文化的机会。这不仅有助于传承和弘扬乡村文化，还能够提升乡村居民的文化素养和审美能力。

同时，乡村文化产业的发展还促进了乡村社会的文化交流与融合。通过引进外部优秀的文化资源和创意理念，乡村文化产业为乡村社会注入了新的活力和创意，推动了乡村文化的创新发展。这种文化交流与融合有助于增进乡村居民之间的了解和信任，促进乡村社会的和谐稳定。

（三）推动乡村社会治理创新，提升社会管理水平

乡村文化产业的发展为乡村社会治理创新提供了新的思路和路径。通过引入现代管理理念和技术手段，乡村文化产业推动了乡村社会治理的智能化和精细化。例如，利用大数据、云计算等技术手段对乡村文化资源进行数字化管理和利用，提升了乡村文化治理的效率和水平；通过举办文化活动、开展文化教育等方式，增强了乡村居民的社区归属感和参与意识，推动了乡村社会的共建共治共享。

这种治理创新不仅提升了乡村社会的管理水平，还为乡村居民提供了更多的参与社会治理的机会和平台。这有助于增强乡村居民的责任感和使命感，推动乡村社会的民主化和法治化进程。

（四）促进城乡文化交流与融合，推动城乡一体化发展

乡村文化产业的发展为城乡文化交流与融合提供了桥梁和纽带。通过发展乡村旅游、文化创意等产业，乡村文化产业吸引了更多的城市居民来到乡村，体验乡村文化和生活方式。这不仅有助于提升乡村文化的知名度和影响力，还能够促进城乡之间的文化交流与融合。

同时，乡村文化产业的发展还推动了城乡一体化进程。通过优化产业布局、完善基础设施等方式，乡村文化产业为城乡之间的资源共享和优势互补提供了条件。这有助于缩小城乡差距，推动城乡协调发展。

乡村文化产业通过促进经济多元化发展、丰富乡村居民精神文化生活、推动乡村社会治理创新以及促进城乡文化交流与融合等方式，推动了乡村社

会的全面进步。这种进步不仅有助于提升乡村居民的生活品质和幸福感，还能够为乡村文化振兴实践创新提供有力支撑。

五、乡村文化产业与乡村振兴的协同发展策略

乡村文化产业与乡村振兴的协同发展，是乡村文化振兴实践创新的重要一环。通过将乡村文化产业作为推动乡村振兴的引擎，不仅能够有效促进乡村经济的增长，还能够提升乡村文化的软实力，实现乡村社会的全面进步。

（一）明确协同发展定位，制定战略规划

要实现乡村文化产业与乡村振兴的协同发展，首先需要明确协同发展的定位和目标。地方政府应结合当地的文化资源优势和产业特点，制定详细的战略规划，明确文化产业在乡村振兴中的地位和作用，提出具体的发展目标和政策措施。这有助于统一思想，形成合力，推动文化产业与乡村振兴的深度融合。

（二）加强基础设施建设，优化发展环境

基础设施建设是乡村文化产业发展的基础保障。政府应加大对乡村文化产业的投入力度，完善交通、通信、水电等基础设施，提高乡村地区的可通达性和可进入性。同时，还应优化文化产业发展的政策环境，简化审批流程，降低企业运营成本，吸引更多的文化企业和人才到乡村投资兴业。

（三）挖掘乡村文化资源，打造特色文化产业

乡村文化资源丰富多样，是文化产业发展的宝贵财富。要深入挖掘乡村文化的独特价值，将其转化为具有市场竞争力的文化产品和服务。可以通过开展文化遗产保护、民间艺术传承等活动，挖掘乡村文化的内涵和精髓；同时，结合现代科技手段，对乡村文化进行创新性转化和发展，打造具有地方特色的文化产业品牌。

（四）推动文化产业与农业、旅游业等产业融合发展

文化产业与农业、旅游业等产业具有天然的融合性。通过推动文化产业与这些产业的融合发展，可以形成产业链效应，实现资源共享和优势互补。例如，可以将乡村文化元素融入农业观光、乡村旅游等项目中，提升旅游产

品的文化内涵和附加值；同时，借助文化产业的创意和设计能力，为农产品打造独特的品牌形象，提高市场竞争力。

（五）加强人才培养和引进，提升产业创新能力

人才是推动文化产业发展的关键因素。要加强乡村文化产业人才的培养和引进工作，建立健全人才激励机制，吸引更多的文化人才到乡村发展。同时，还应加强文化产业创新能力的建设，鼓励企业加大研发投入，推动文化产品的创新和文化服务的升级。通过人才和创新的双轮驱动，提升乡村文化产业的核心竞争力，推动乡村文化的繁荣发展。

乡村文化产业与乡村振兴的协同发展需要明确协同发展定位、加强基础设施建设、挖掘乡村文化资源、推动产业融合发展以及加强人才培养和引进等多方面的策略支持。这些策略的实施将有助于推动乡村文化产业的快速发展，为乡村振兴注入新的动力，实现乡村文化的全面振兴和实践创新。

第四章 乡村文化活动的组织与推广

第一节 乡村文化活动的种类与形式

一、传统节庆活动

传统节庆活动是乡村文化的重要组成部分,不仅承载着深厚的历史文化底蕴,还是乡村居民情感交流、文化传承和社区凝聚的重要载体。在乡村文化振兴实践创新中,传统节庆活动发挥着举足轻重的作用。

(一)弘扬乡村文化,传承历史记忆

传统节庆活动是乡村文化的生动展现,通过庆祝丰收、祭祀祖先、祈求平安等形式,传承着乡村的历史记忆和文化传统。这些活动不仅让乡村居民感受到文化的根脉,还使得乡村文化得以在时代变迁中生生不息。同时,传统节庆活动也是对外展示乡村文化魅力的窗口,吸引游客前来体验乡村文化的独特魅力。

(二)促进文化交流,增强社区凝聚力

传统节庆活动为乡村居民提供了一个文化交流的平台,不同年龄段、不同背景的人们可以在这里共同庆祝、共同交流。通过参与节庆活动,乡村居民能够增进彼此的了解和信任,形成共同的文化认同感和社区归属感。这种社区凝聚力是乡村文化振兴的重要基础,有助于推动乡村社会的和谐稳定。

(三)推动经济发展,助力乡村振兴

传统节庆活动往往能够吸引大量游客前来参观和体验,为乡村带来可观

的旅游收入。同时，节庆活动还促进了乡村特色产业的发展，如手工艺品、特色食品等。这些产业的发展不仅增加了乡村居民的收入来源，还推动了乡村经济的多元化发展。通过发挥传统节庆活动的经济效应，可以助力乡村振兴，实现经济与文化的双赢。

（四）丰富乡村生活，提升居民幸福感

传统节庆活动为乡村居民带来了丰富多彩的文化生活体验。在庆祝活动中，人们可以欣赏到传统的舞蹈、戏曲等表演艺术，品尝到地道的乡村美食，感受到浓厚的节日氛围。这些活动不仅丰富了乡村居民的精神文化生活，还提升了他们的幸福感和满足感。通过参与节庆活动，乡村居民能够感受到乡村文化的魅力和活力，增强对乡村生活的热爱和信心。

（五）推动乡村文化创新，激发文化活力

传统节庆活动在传承中不断创新发展，为乡村文化注入了新的活力。在保持传统元素的基础上，可以融入现代元素和创意理念，使节庆活动更加符合现代审美需求和市场需求。同时，还可以通过引入新的技术手段和传播方式，如网络直播、社交媒体宣传等，扩大节庆活动的影响力和参与度。这种创新实践不仅推动了乡村文化的传承和发展，还激发了乡村文化的创新活力。

（六）加强乡村与外界联系，提升乡村形象

传统节庆活动作为乡村文化的重要展示窗口，加强了乡村与外界的联系和交流。通过举办节庆活动，乡村能够吸引更多的关注和支持，为乡村发展赢得更多资源和机遇。同时，节庆活动还提升了乡村的形象和知名度，使乡村成为旅游和文化交流的热门目的地。这种对外交流有助于推动乡村文化的传播和推广，促进乡村文化的繁荣发展。

传统节庆活动在乡村文化振兴实践创新中发挥着重要作用。通过弘扬乡村文化、促进文化交流、推动经济发展、丰富乡村生活、推动文化创新以及加强乡村与外界联系等方面的努力，可以进一步发挥传统节庆活动的优势和作用，为乡村文化振兴注入新的动力和活力。

二、民间艺术表演

（一）传承乡村文化基因，展现地域特色

民间艺术表演是乡村文化基因的生动传承和展现。通过舞蹈、戏曲、音乐、杂技等多种形式，民间艺术表演将乡村的历史、传统、风俗等文化元素融入其中，以形象生动的方式呈现出来。这不仅使得乡村文化得以在时代变迁中得以延续，更使得乡村文化的地域特色得以凸显。观众在观看表演的过程中，能够深刻感受到乡村文化的独特魅力和深厚底蕴，从而增强对乡村文化的认同感和自豪感。

（二）丰富乡村文化生活，提升居民文化素养

民间艺术表演为乡村居民提供了丰富多彩的文化生活体验。在农闲时节或节庆活动中，民间艺术表演成为乡村居民娱乐休闲的重要方式。通过观赏和参与表演，乡村居民能够感受到艺术的魅力和文化的熏陶，从而提升自身的文化素养和审美能力。同时，民间艺术表演还促进了乡村居民之间的交流和互动，增进了彼此之间的了解和友谊，有助于形成和谐稳定的乡村社会氛围。

（三）推动文化产业发展，助力乡村振兴

民间艺术表演作为文化产业的重要组成部分，具有巨大的市场潜力和经济价值。通过挖掘和整理民间艺术资源，培育和发展民间艺术表演团队，可以推动乡村文化产业的发展。同时，民间艺术表演还可以与乡村旅游、文化创意等产业相结合，形成产业链效应，为乡村带来可观的经济收入。这不仅有助于改善乡村居民的生活条件，更能够为乡村振兴提供有力的经济支撑。

（四）创新艺术形式和内容，激发文化创新活力

民间艺术表演在传承中不断创新发展，为乡村文化振兴注入了新的活力。一方面，艺术家们通过深入挖掘乡村文化的内涵和精髓，将传统元素与现代审美相结合，创作出具有时代特色的艺术作品；另一方面，民间艺术表演还积极引入新的艺术形式和表现手法，如现代舞蹈、流行音乐等，使得表演更加丰富多彩和具有吸引力。这种创新实践不仅丰富了乡村文化的内涵和外延，

更激发了乡村文化创新的活力，为乡村文化振兴实践创新提供了源源不断的动力。

民间艺术表演在乡村文化振兴实践创新中发挥着举足轻重的作用。通过传承乡村文化基因、丰富乡村文化生活、推动文化产业发展以及创新艺术形式和内容等方面的努力，民间艺术表演为乡村文化振兴注入了新的动力和活力，推动了乡村文化的繁荣发展。未来，我们应进一步加强对民间艺术表演的支持和引导，促进其更好地服务于乡村文化振兴实践创新。

三、文化展览与讲座

文化展览与讲座作为乡村文化振兴实践创新的重要载体，对于推动乡村文化的发展、提升乡村居民的文化素养、促进乡村与外界的文化交流等方面具有深远的意义。

（一）展示乡村文化魅力，增强文化自信

文化展览通过展示乡村的历史遗迹、传统工艺、民俗风情等，生动呈现乡村文化的独特魅力和深厚底蕴。这些展览不仅让乡村居民更加了解自己的文化根源，还增强了他们对乡村文化的认同感和自豪感。同时，通过展览的形式，乡村文化得以向外界展示，让更多人了解并欣赏乡村文化的独特价值，从而增强乡村文化的影响力和传播力。

（二）提升乡村居民文化素养，推动精神文明建设

文化讲座作为知识传播和文化交流的重要平台，为乡村居民提供了学习新知识、了解新文化的机会。通过邀请专家学者、文化名人等开展讲座，乡村居民可以接触到更为广泛和深入的文化知识，从而提升自身的文化素养和审美水平。同时，讲座的内容往往涵盖道德伦理、文明礼仪等方面，有助于推动乡村精神文明建设，提升乡村社会的整体文明程度。

（三）促进乡村与外界的文化交流，拓宽文化视野

文化展览与讲座作为开放性的文化交流活动，吸引了来自不同地域、不同文化背景的人们参与。这些活动为乡村与外界的文化交流搭建了桥梁，使得乡村文化得以与更广阔的文化领域进行对话和交融。通过交流，乡村居民

可以了解到更多的文化信息和观念，拓宽自己的文化视野，从而更加开放和包容地面对多元文化的冲击。

（四）推动乡村文化产业发展，助力乡村振兴

文化展览与讲座的举办往往能够吸引大量的游客和观众，为乡村带来可观的客流量和消费量。这不仅为乡村的文化产业提供了发展的机遇，还带动了相关产业的繁荣。同时，通过展览和讲座的推广宣传，乡村的文化资源得以得到更充分的挖掘和利用，为乡村文化产业的发展提供了丰富的素材和灵感。这些产业的发展不仅增加了乡村居民的收入来源，还推动了乡村经济的多元化发展，为乡村振兴注入了新的动力。

（五）激发乡村文化创新活力，推动文化繁荣发展

文化展览与讲座作为文化创新的重要平台，为乡村文化的创新发展提供了广阔的空间。通过展览和讲座的形式，乡村文化得以与现代艺术、科技等领域进行跨界融合，产生出新的文化形态和表达方式。这种创新实践不仅丰富了乡村文化的内涵和外延，还激发了乡村文化创新的活力，推动了乡村文化的繁荣发展。同时，展览和讲座还鼓励乡村居民积极参与文化创作和表演，激发他们的文化创造力和表现力，为乡村文化的创新发展注入新的活力。

文化展览与讲座在乡村文化振兴实践创新中发挥着不可或缺的作用。通过展示乡村文化魅力、提升乡村居民文化素养、促进文化交流、推动文化产业发展以及激发文化创新活力等方面的努力，文化展览与讲座为乡村文化振兴注入了新的动力和活力，推动了乡村文化的繁荣发展。未来，我们应进一步加强对文化展览与讲座的支持和引导，促进其更好地服务于乡村文化振兴实践创新。

四、乡村体验活动

乡村体验活动作为连接乡村与城市、传统与现代的桥梁，在乡村文化振兴实践创新中发挥着举足轻重的作用。通过亲身参与和体验，乡村体验活动不仅让参与者感受到乡村文化的独特魅力，还推动了乡村文化的传承与发展。

（一）提供沉浸式乡村文化体验，增强文化感知力

乡村体验活动通过模拟乡村生活场景，让参与者亲身体验农耕文化、传统手工艺、民俗节庆等乡村文化元素。这种沉浸式体验使参与者能够深入感受乡村文化的魅力和内涵，增强对乡村文化的感知力和认同感。在参与过程中，人们可以亲手操作农具、尝试制作传统食品、参与民间舞蹈等，从而更加直观地了解乡村文化的历史渊源和传承发展。

（二）促进城乡文化交流与融合，拓宽文化视野

乡村体验活动为城乡居民提供了一个相互了解、交流的平台。通过参与活动，城市居民可以深入了解乡村文化，感受乡村生活的淳朴与美好；而乡村居民则可以接触到更多的城市文化元素，拓宽自己的文化视野。这种文化交流与融合有助于打破城乡文化隔阂，增进城乡之间的理解与互信，推动城乡文化的共同发展。

（三）推动乡村文化创新发展，激发文化活力

乡村体验活动在传承乡村文化的同时，也注重文化的创新与发展。通过引入现代科技、艺术元素等，为乡村文化注入新的活力。例如，利用虚拟现实技术重现乡村历史场景，让参与者在科技手段的辅助下更加深入地了解乡村文化；或者将传统手工艺与现代设计理念相结合，创作出具有时代特色的文化产品。这些创新实践不仅丰富了乡村文化的内涵，还推动了乡村文化的创新发展。

（四）带动乡村旅游产业发展，助力乡村振兴

乡村体验活动作为乡村旅游的重要组成部分，吸引了大量游客前来体验。通过参与活动，游客可以深入了解乡村文化，感受乡村生活的魅力，从而增加对乡村旅游的兴趣和满意度。这带动了乡村旅游产业的发展，为乡村带来了可观的经济收入。同时，乡村体验活动还促进了乡村基础设施的改善和服务质量的提升，为乡村振兴提供了有力支持。

（五）培养乡村文化自信，增强文化自觉

通过参与乡村体验活动，人们能够更加深入地了解乡村文化的历史渊源、独特价值和现实意义。这种了解有助于培养乡村文化自信，让乡村居民更加

珍视和传承自己的文化传统。同时，乡村体验活动还激发了乡村居民的文化自觉意识，使他们更加积极地参与到乡村文化振兴的实践创新中来。

（六）构建乡村文化共同体，促进社会和谐稳定

乡村体验活动不仅加强了城乡居民之间的文化交流与融合，还促进了乡村内部的文化凝聚与认同。通过共同参与活动、分享文化成果等方式，乡村居民之间形成了更加紧密的文化联系和情感纽带。这种文化共同体的构建有助于增强乡村社会的凝聚力和向心力，促进乡村社会的和谐稳定与持续发展。

乡村体验活动在乡村文化振兴实践创新中发挥着重要作用。通过提供沉浸式乡村文化体验、促进城乡文化交流与融合、推动乡村文化创新发展、带动乡村旅游产业发展、培养乡村文化自信以及构建乡村文化共同体等方面的努力，乡村体验活动为乡村文化振兴注入了新的动力和活力。未来，我们应进一步丰富乡村体验活动的内容和形式，提升活动的质量和水平，以更好地服务于乡村文化振兴实践创新。

五、文化体育活动

文化体育活动作为乡村文化振兴实践创新的重要组成部分，对于丰富乡村文化生活、提升乡村居民文化素养、促进乡村社会和谐稳定等方面具有重要意义。

（一）丰富乡村文化生活，提升居民幸福感

文化体育活动以其丰富多彩的形式和内容，为乡村居民提供了多样化的文化娱乐选择。无论是传统的戏曲表演、舞蹈比赛，还是现代的体育赛事、健身活动，都能让乡村居民在参与中感受到生活的乐趣和文化的魅力。这些活动不仅丰富了乡村居民的精神世界，还提升了他们的幸福感和满足感。

同时，文化体育活动也为乡村居民提供了交流互动的平台。在活动中，人们可以相互学习、交流心得，增进彼此之间的了解和友谊。这种社交互动有助于形成和谐融洽的乡村氛围，增强乡村社会的凝聚力和向心力。

（二）传承乡村文化，弘扬优秀传统文化

文化体育活动往往承载着丰富的乡村文化内涵和历史传统。通过参与这

些活动，乡村居民能够更加深入地了解和感受乡村文化的独特魅力和价值。例如，传统的民间舞蹈、戏曲表演等，都是乡村文化的生动展现，通过参与这些活动，乡村居民可以更加直观地了解乡村文化的历史渊源和发展脉络。

同时，文化体育活动也是弘扬优秀传统文化的重要途径。通过举办各类文化体育比赛和展览，可以展示乡村文化的独特魅力，吸引更多人关注和了解乡村文化。这种传承和弘扬有助于增强乡村居民的文化自信和文化自觉，推动乡村文化的繁荣发展。

（三）促进乡村经济发展，助力乡村振兴

文化体育活动在推动乡村经济发展方面也发挥着积极作用。一方面，这些活动可以吸引大量游客前来参观和体验，带动乡村旅游业的发展。游客的到来不仅为乡村带来了可观的收入，还促进了乡村基础设施的完善和服务水平的提升。另一方面，文化体育活动还可以带动相关产业的发展，如文化创意、体育用品等，为乡村经济注入新的活力。

（四）提升乡村居民文化素养，推动精神文明建设

文化体育活动的开展有助于提升乡村居民的文化素养和审美水平。通过参与各类文化体育活动，乡村居民可以接触到更多的文化知识和艺术形式，拓宽自己的文化视野。同时，这些活动还能够培养乡村居民的健康生活方式和积极向上的精神风貌，推动乡村精神文明建设。

此外，文化体育活动还能够激发乡村居民的创造力和创新精神。在活动中，人们可以发挥自己的想象力和创造力，创作出具有乡村特色的文化作品和体育成果。这种创新实践不仅丰富了乡村文化的内涵，还为乡村文化的发展注入了新的活力。

文化体育活动在乡村文化振兴实践创新中发挥着重要作用。通过丰富乡村文化生活、传承乡村文化、促进经济发展以及提升居民文化素养等方面的努力，文化体育活动为乡村文化振兴注入了新的动力和活力。未来，我们应进一步加强对文化体育活动的支持和引导，推动其更好地服务于乡村文化振兴实践创新。

第二节 乡村文化活动的组织与策划

一、活动主题与目标的确定

在乡村文化振兴实践创新的过程中，活动主题与目标的确定扮演着至关重要的角色。一个明确且富有创意的主题，能够引导整个活动的方向，确保活动内容与乡村文化振兴的核心理念紧密相连。同时，清晰的目标设定则能够为活动的组织和实施提供明确的指导，确保活动取得预期的效果。

（一）深入调研，把握乡村文化特色

确定活动主题与目标的首要任务是深入调研乡村文化特色。通过走访乡村、与村民交流、查阅相关文献资料等方式，全面了解乡村的历史沿革、文化传统、风土人情等方面的信息。这些信息是确定活动主题与目标的重要依据，能够确保活动更加贴近乡村实际，更好地体现乡村文化的独特魅力。

（二）聚焦文化振兴，明确活动主题

在深入调研的基础上，需要聚焦乡村文化振兴的核心要义，明确活动的主题。主题的选择应紧扣乡村文化振兴的实践创新，既要体现乡村文化的传承与发展，又要突出创新元素，展现乡村文化的新时代风貌。同时，主题还应具有吸引力和感染力，能够激发村民和外界人士对乡村文化的兴趣和热情。

（三）设定具体目标，确保活动实效

活动目标的设定是确保活动实效的关键环节。在确定目标时，应充分考虑乡村文化振兴的实际需求，结合活动的主题和内容，设定具体、可量化的目标。这些目标可以包括提升村民文化素养、推动乡村文化产业发展、促进乡村社会和谐稳定等方面。通过设定明确的目标，可以为活动的组织和实施提供明确的指导，确保活动取得实效。

（四）综合考虑，确保主题与目标的契合性

在确定活动主题与目标的过程中，还需要综合考虑多方面的因素，确保

主题与目标的契合性。一方面，要考虑活动的可行性和可操作性，确保主题与目标符合乡村实际和村民需求；另一方面，要考虑活动的社会影响和效益，确保主题与目标能够产生积极的社会效果，推动乡村文化振兴的实践创新。

活动主题与目标的确定是乡村文化振兴实践创新的重要一环。通过深入调研、聚焦文化振兴、设定具体目标以及综合考虑多方面因素，可以确保活动主题与目标的科学性和合理性，为乡村文化振兴实践创新提供有力的支撑和保障。在未来的乡村文化振兴实践中，我们应继续加强对活动主题与目标的研究和探索，不断创新活动形式和内容，为乡村文化的繁荣发展注入新的活力和动力。

二、活动时间与地点的选择

在乡村文化振兴实践创新中，活动时间与地点的选择至关重要。恰当的时间与地点不仅能提升活动的吸引力和参与度，还能有效促进乡村文化的传播与发展。

（一）考虑乡村文化特色与节日庆典

在选择活动时间时，应充分考虑乡村的文化特色及节日庆典。例如，一些具有地方特色的传统节日或民俗活动，是举办乡村文化活动的绝佳时机。这些节日往往承载着丰富的文化内涵，能够吸引大量村民和游客参与，提升活动的文化氛围和影响力。

（二）结合农事活动与季节特点

乡村的农事活动具有鲜明的季节性特点，因此，在选择活动时间时，应充分考虑农事活动的安排。例如，在春耕、夏种、秋收等关键农事时节，可以组织相关的文化活动，将农事与文化相结合，既丰富了村民的精神生活，又促进了农业生产的顺利进行。

（三）考虑参与者的时间安排

活动时间的确定还应考虑到参与者的时间安排。例如，工作日与周末、白天与晚上，不同时间段参与者的构成和数量可能存在较大差异。因此，在选择活动时间时,应充分考虑参与者的需求和习惯,选择能够吸引更多参与者参与的时间段。

(四)地点选择应体现乡村风貌

活动地点的选择应充分体现乡村的风貌和特色。可以选择具有代表性的乡村景点、文化广场或传统建筑作为活动地点,这些地点往往能够展现乡村的独特魅力,为活动增添浓厚的文化氛围。

(五)考虑场地设施与安全性

在选择活动地点时,还需充分考虑场地的设施条件和安全性。活动地点应具备基本的设施条件,如舞台、音响、照明等,以确保活动的顺利进行。同时,场地应符合安全规范,避免潜在的安全隐患,确保参与者的安全。

(六)综合评估与调整

在选择活动时间与地点时,需要进行综合评估和调整。通过对乡村文化特色、农事活动、参与者需求、场地设施等多方面因素的考虑,确定初步的活动时间与地点。然后,根据实际情况进行必要的调整,以确保活动时间与地点的选择能够最大程度地满足活动的需求,实现乡村文化振兴的目标。

活动时间与地点的选择是乡村文化振兴实践创新中的重要环节。通过充分考虑乡村文化特色、农事活动、参与者需求以及场地设施等因素,选择恰当的时间与地点,可以提升活动的吸引力和参与度,推动乡村文化的传播与发展,为乡村文化振兴实践创新贡献力量。在未来的实践中,我们应根据实际情况不断优化活动时间与地点的选择策略,以适应乡村文化振兴的需求和发展趋势。

三、活动内容的策划与设计

在乡村文化振兴实践创新的进程中,活动内容的策划与设计显得尤为重要。精心策划的活动内容不仅能够吸引广大村民的积极参与,还能有效推动乡村文化的传承与创新。

(一)深入挖掘乡村文化资源,丰富活动内容

乡村文化资源丰富多彩,包括传统技艺、民间艺术、民俗活动等。在策

划活动内容时，应深入挖掘这些资源，将其融入活动中，使活动更具乡村特色和文化内涵。例如，可以组织传统手工艺展示、民间艺术表演、民俗知识讲座等活动，让村民和游客在参与中感受乡村文化的魅力。

（二）注重创新，打造特色活动品牌

在继承传统的基础上，应注重创新，打造具有乡村特色的活动品牌。可以通过引入现代元素、创新活动形式等方式，使传统文化焕发新的活力。例如，可以举办乡村文化创意大赛、乡村音乐节、乡村文化论坛等特色活动，吸引更多人关注和参与乡村文化建设。

（三）强化互动体验，提升活动吸引力

互动体验是活动内容策划的重要一环。通过设计互动性强的活动环节，可以让参与者更加深入地了解和体验乡村文化。例如，可以设置乡村文化体验区，让游客亲自参与农耕、手工艺制作等活动，感受乡村生活的乐趣。同时，可以开展互动游戏、文化问答等环节，增强活动的趣味性和互动性。

（四）注重教育引导，提升村民文化素养

活动内容的策划与设计还应注重教育引导功能。通过组织文化讲座、读书会、知识竞赛等活动，提升村民的文化素养和审美能力。同时，可以邀请专家学者、文化名人等前来授课或交流，为村民提供学习平台，激发他们的文化创新热情。

在策划与设计活动内容时，还需注意以下几点：一是要确保活动内容的多样性和层次性，满足不同年龄段和文化水平的村民需求；二是要注重活动的时效性和可持续性，确保活动能够长期有效地推动乡村文化振兴；三是要加强活动的宣传推广，提高活动的知名度和影响力，吸引更多人关注和参与乡村文化建设。

活动内容的策划与设计是乡村文化振兴实践创新的关键环节。通过深入挖掘乡村文化资源、注重创新、强化互动体验以及注重教育引导等方式，可以打造出丰富多彩、具有特色的活动内容，为乡村文化振兴注入新的活力和动力。在未来的实践中，我们应继续探索和创新活动内容策划与设计的方法和途径，为乡村文化振兴实践创新贡献更多智慧和力量。

四、参与人员的组织与分工

在乡村文化振兴实践创新中，参与人员的组织与分工至关重要。一个合理的人员组织结构和明确的分工，能够确保活动的顺利进行，提高活动的效率和质量。

（一）成立活动组织委员会，明确职责分工

为了有效组织和协调活动，应成立一个专门的活动组织委员会。该委员会应由具有丰富经验和组织能力的人员组成，包括活动负责人、策划人员、执行人员等。活动负责人负责整体活动的统筹和协调，策划人员负责活动内容的策划与设计，执行人员则负责具体活动的实施和现场管理。明确各成员的职责分工，可以确保活动的有序进行。

（二）招募志愿者，充实活动团队

志愿者是乡村文化活动中的重要力量。通过招募具有热情和责任心的志愿者，可以充实活动团队，提高活动的执行力和影响力。在招募志愿者时，应注重其专业技能和沟通能力，以确保其能够胜任相应的任务。同时，为志愿者提供必要的培训和指导，使其能够更好地为活动服务。

（三）建立合作机制，整合社会资源

乡村文化活动的成功举办，离不开社会各界的支持和参与。因此，建立合作机制，整合社会资源，是活动组织与分工的重要一环。可以与当地的企事业单位、文化机构、教育机构等建立合作关系，共同策划和举办活动。通过合作，不仅可以获取更多的资源和支持，还可以扩大活动的影响力和覆盖面。

（四）明确参与人员的工作要求和考核标准

为了确保活动的顺利进行和高效执行，应明确参与人员的工作要求和考核标准。工作要求应具体、明确，包括工作内容、时间节点、质量标准等。考核标准则应公平、公正，能够真实反映参与人员的工作表现和贡献。通过明确工作要求和考核标准，可以激发参与人员的积极性和创造力，提高活动的整体质量。

在组织与分工的过程中，还需注意以下几点：一是要注重人员的沟通与协调，确保信息畅通、协作顺畅；二是要注重人员的培训与提升，提高其专业技能和综合素质；三是要注重人员的激励与奖励，激发其积极性和创造力。

参与人员的组织与分工是乡村文化振兴实践创新中的关键环节。通过成立活动组织委员会、招募志愿者、建立合作机制以及明确工作要求和考核标准等方式，可以构建一个高效、有序的活动团队，为乡村文化活动的成功举办提供有力保障。在未来的实践中，我们应不断探索和优化人员组织与分工的模式和方法，以适应乡村文化振兴实践创新的需求和发展趋势。

五、活动预算与资金筹措

在乡村文化振兴实践创新的过程中，活动预算与资金筹措是至关重要的一环。合理的预算规划和有效的资金筹措方式，能够确保活动的顺利进行，促进乡村文化的繁荣发展。

（一）精确制定活动预算，确保资源合理分配

制定精确的活动预算是活动成功的关键。首先，需要对活动的各项费用进行细致的分析和预估，包括场地租赁、设备购置、宣传费用、人员薪酬等。其次，根据活动规模和需求，合理分配各项费用，确保资源的有效利用。在制定预算时，应注重实际可行性和灵活性，既要考虑预算的充足性，又要避免不必要的浪费。

在预算制定的过程中，还需要充分考虑乡村的实际情况。乡村地区往往面临着资金短缺、资源有限等问题，因此，在制定预算时，应注重节约和实效，避免过度追求奢华和浪费。同时，可以充分利用乡村的现有资源，如场地、人力等，降低活动成本。

（二）多元化筹措资金，拓宽资金来源渠道

资金筹措是活动预算得以实现的重要保障。在乡村文化振兴实践中，可以通过多种途径筹措资金。首先，可以向政府申请文化项目资助，利用政策支持和专项资金推动活动开展。其次，可以寻求企业和社会组织的赞助，通过合作共赢的方式获取资金支持。此外，还可以组织募捐活动、发起众筹等方式，广泛动员社会力量参与资金筹措。

在筹措资金的过程中，应注重与各方建立良好的合作关系，确保资金的稳定来源。同时，要加强对资金使用的监管，确保资金用于活动的实际需要，防止挪用和浪费。

（三）建立资金管理机制，保障活动资金安全

建立科学的资金管理机制是保障活动资金安全的关键。首先，应设立专门的资金账户，对活动资金进行统一管理，确保资金使用的透明度和规范性。其次，应制定严格的资金审批和报销流程，确保每一笔资金的使用都经过严格的审核和把关。此外，还应加强财务监督，定期对活动资金进行审计和核算，确保资金使用的合规性和有效性。

在资金管理的过程中，还应注重风险防控。对于可能出现的资金风险，应提前制定预防和应对措施，确保活动的顺利进行。同时，要加强对财务人员的培训和管理，提高其业务水平和职业道德素养，防止内部腐败和违规行为的发生。

活动预算与资金筹措是乡村文化振兴实践创新中的重要环节。通过精确制定活动预算、多元化筹措资金以及建立资金管理机制等方式，可以确保活动的顺利进行和资金的合理使用，为乡村文化的繁荣发展提供有力保障。在未来的实践中，我们应不断探索和创新资金筹措和管理的方式方法，以适应乡村文化振兴实践创新的需求和发展趋势。

第三节 乡村文化活动的宣传与推广

一、宣传渠道的选择与利用

在乡村文化振兴实践创新中，宣传渠道的选择与利用起着至关重要的作用。一个合适的宣传渠道能够将乡村文化的魅力传播出去，吸引更多人的关注和参与，进而推动乡村文化的繁荣发展。

（一）充分利用传统媒体，发挥主流宣传作用

传统媒体如电视、广播、报纸等，具有覆盖面广、传播速度快、受众群

体稳定等特点。在乡村文化振兴实践创新中，应充分利用这些传统媒体，通过新闻报道、专题访谈、文化节目等形式，将乡村文化的独特魅力和价值展现给广大受众。同时，可以加强与主流媒体的合作，借助其影响力和公信力，提升乡村文化的知名度和美誉度。

（二）深入挖掘新媒体潜力，拓宽宣传渠道

新媒体如互联网、手机等，具有互动性强、传播方式多样、受众群体年轻等特点。在乡村文化振兴实践创新中，应深入挖掘新媒体的潜力，通过短视频、直播、话题讨论等方式，将乡村文化的精彩瞬间和活动亮点传递给更多人。同时，可以创建乡村文化官方网站或APP，为受众提供一站式的文化服务，增强其对乡村文化的了解和认同。

（三）注重线下宣传，打造文化氛围

线下宣传如户外广告、文化展览、文化活动等，具有直观性、互动性、体验性等特点。在乡村文化振兴实践创新中，应注重线下宣传的开展，通过悬挂横幅、设置宣传栏、举办文化展览等方式，将乡村文化的元素和内涵融入村民的日常生活中。同时，可以组织丰富多彩的文化活动，如文艺演出、民俗节庆、手工艺制作等，让村民在参与中感受乡村文化的魅力，增强文化自信和归属感。

（四）强化口碑传播，发挥示范带动作用

口碑传播是一种非常有效的宣传方式，它依赖于人们的亲身体验和口碑推荐，具有真实性和可信度高的特点。在乡村文化振兴实践创新中，应强化口碑传播的作用，通过邀请文化名人、专家学者、媒体记者等来乡村实地体验和交流，将他们的亲身体验和感受通过媒体传播出去，吸引更多人前来探访和体验。同时，可以评选和表彰在乡村文化振兴中做出突出贡献的个人和集体，树立榜样和典型，发挥示范带动作用，激发更多人参与乡村文化振兴的热情和动力。

宣传渠道的选择与利用是乡村文化振兴实践创新中不可或缺的一环。通过充分利用传统媒体、挖掘新媒体潜力、注重线下宣传以及强化口碑传播等方式，可以将乡村文化的魅力传播出去，吸引更多人的关注和参与，推动乡村文化的繁荣发展。在未来的实践中，我们应不断探索和创新宣传渠道的选

择与利用方式，以适应乡村文化振兴实践创新的需求和发展趋势。

二、宣传材料的制作与传播

在乡村文化振兴实践创新的过程中，宣传材料的制作与传播是至关重要的一环。精心制作的宣传材料能够生动展现乡村文化的魅力，有效传播乡村文化振兴的理念和实践成果。

（一）明确宣传目标，精准定位受众

制作宣传材料的首要任务是明确宣传目标，即希望通过宣传达到什么效果。同时，要精准定位受众，了解他们的需求和兴趣点，以便制作出更具针对性的宣传材料。在乡村文化振兴实践中，我们的受众群体可能包括村民、游客、政府部门、社会组织等，因此需要根据不同受众的特点和需求，制作不同风格的宣传材料。

（二）挖掘乡村文化元素，突出特色亮点

乡村文化振兴的核心在于传承和创新乡村文化。因此，在制作宣传材料时，要深入挖掘乡村文化的元素和内涵，突出其特色亮点。可以通过梳理乡村历史、民俗风情、传统技艺等方面的内容，提炼出具有代表性和吸引力的文化符号，将其融入宣传材料中，使受众能够直观感受到乡村文化的独特魅力。

（三）注重创意设计，提升视觉效果

创意设计是宣传材料制作中的关键环节。通过运用新颖独特的创意和设计手法，可以使宣传材料更具吸引力和感染力。在乡村文化振兴实践中，可以结合乡村的自然风光、建筑风格、人文景观等元素，进行巧妙的视觉设计和排版，营造出一种独特的乡村文化氛围。同时，还可以运用现代科技手段，如动画、虚拟现实等，增强宣传材料的互动性和趣味性。

（四）多元化传播渠道，扩大宣传覆盖面

制作好宣传材料后，还需要通过多元化的传播渠道将其推广出去。可以利用传统媒体如报纸、电视、广播等进行广泛传播；同时，也可以借助新媒体平台进行精准推送。此外，还可以通过举办文化展览、开展文化交流活动

等方式，将宣传材料直接呈现给受众，增强宣传效果。

（五）跟踪反馈效果，持续优化改进

宣传材料的制作与传播是一个持续优化的过程。在传播过程中，要及时跟踪反馈效果，了解受众的反馈和意见，以便对宣传材料进行持续优化和改进。可以通过问卷调查、访谈等方式收集受众的反馈意见，针对问题进行改进和调整，使宣传材料更加符合受众的需求和期望。

宣传材料的制作与传播是乡村文化振兴实践创新中不可或缺的一环。通过明确宣传目标、挖掘乡村文化元素、注重创意设计、多元化传播渠道以及跟踪反馈效果等方式，可以制作出更具吸引力和感染力的宣传材料，有效传播乡村文化振兴的理念和实践成果，推动乡村文化的繁荣发展。在未来的实践中，我们应不断探索和创新宣传材料的制作与传播方式，以适应乡村文化振兴实践创新的需求和发展趋势。

三、社交媒体营销

在乡村文化振兴实践创新的过程中，社交媒体营销作为一种高效、便捷的推广方式，正日益受到重视。通过巧妙运用社交媒体平台，我们可以将乡村文化的魅力传递给更广泛的受众，吸引更多人参与和支持乡村文化振兴。

（一）选择适合的社交媒体平台，精准定位目标受众

不同的社交媒体平台有着不同的用户群体和特点，因此，在选择社交媒体平台时，需要充分考虑目标受众的喜好和习惯。例如，针对年轻人群体，可以流行平台；而针对中老年人群体，则可以选择受他们喜爱的平台。通过精准定位目标受众，我们可以更有效地传递乡村文化的信息，吸引更多潜在的支持者。

（二）打造独特的内容风格，展示乡村文化魅力

在社交媒体营销中，内容是吸引受众的关键。为了充分展示乡村文化的魅力，我们需要打造独特的内容风格，将乡村的自然风光、民俗风情、传统技艺等元素融入其中。同时，我们还可以结合时下的热点话题和流行趋势，创作出更具吸引力的内容。通过生动有趣的内容展示，我们可以让受众更加

直观地感受到乡村文化的独特魅力，激发他们的兴趣和热情。

（三）加强互动与沟通，建立稳定的受众群体

社交媒体平台具有互动性强、传播速度快的特点，这为我们与受众建立紧密联系提供了便利。在社交媒体营销中，我们应积极回应受众的评论和反馈，与他们建立良好的互动关系。同时，我们还可以定期开展线上活动，如话题讨论、有奖竞猜等，吸引受众的积极参与。通过加强与受众的互动与沟通，我们可以建立起一个稳定的受众群体，为乡村文化振兴提供持续的支持和动力。

（四）利用数据分析优化营销策略，提高营销效果

社交媒体平台提供了丰富的数据分析工具，可以帮助我们更好地了解受众的行为和需求。通过对数据的分析，我们可以发现受众的兴趣点、活跃时间段等信息，从而优化我们的营销策略。例如，我们可以根据受众的兴趣点调整内容方向，根据活跃时间段安排发布时间等。通过数据驱动的营销策略优化，我们可以提高营销效果，让乡村文化的传播更加精准和高效。

社交媒体营销在乡村文化振兴实践创新中发挥着重要作用。通过选择适合的社交媒体平台、打造独特的内容风格、加强互动与沟通以及利用数据分析优化营销策略等方式，我们可以充分利用社交媒体的优势，将乡村文化的魅力传递给更广泛的受众，推动乡村文化的繁荣发展。在未来的实践中，我们应继续探索和创新社交媒体营销的方式方法，为乡村文化振兴注入新的活力和动力。

四、口碑营销与合作伙伴关系建立

在乡村文化振兴实践创新中，口碑营销与合作伙伴关系的建立至关重要。口碑营销通过受众的口口相传，能够迅速扩大乡村文化的影响力；而合作伙伴关系的建立，则能为乡村文化振兴提供更多的资源和支持。

（一）提升服务质量，奠定口碑营销基础

口碑营销的核心在于提供优质的产品和服务，让受众满意并愿意向他人推荐。在乡村文化振兴实践中，我们应注重提升服务质量，包括提供丰富多

彩的文化活动、打造舒适的文化体验环境、提供贴心的服务等。只有让受众真正感受到乡村文化的魅力，才能激发他们的口碑传播意愿，为乡村文化振兴赢得更多支持。

（二）挖掘故事内涵，打造口碑传播亮点

故事具有强大的传播力，能够深入人心。在乡村文化振兴中，我们应深入挖掘乡村文化的故事内涵，将其中的感人瞬间、独特价值等以生动的故事形式呈现给受众。通过故事的传播，不仅能够让受众更加深入地了解乡村文化，还能激发他们的情感共鸣，促进口碑的传播。

（三）积极寻求合作伙伴，拓展资源渠道

合作伙伴关系的建立能够为乡村文化振兴提供有力的资源支持。我们应积极寻求与政府部门、企业、社会组织等各方面的合作伙伴，共同推动乡村文化的发展。通过与合作伙伴的资源共享、互利共赢，我们可以为乡村文化振兴提供更多的资金、技术、人才等方面的支持，推动乡村文化的繁荣发展。

（四）建立长效机制，巩固合作伙伴关系

合作伙伴关系的建立并非一蹴而就，需要双方长期的努力和维护。为了巩固合作伙伴关系，我们应建立长效机制，包括定期沟通交流、共同策划活动、分享资源成果等。通过长期的合作和交流，我们可以增进彼此的了解和信任，形成紧密的合作关系，为乡村文化振兴提供持续的动力和支持。

口碑营销与合作伙伴关系的建立是乡村文化振兴实践创新中的重要环节。通过提升服务质量、挖掘故事内涵、积极寻求合作伙伴以及建立长效机制等方式，我们可以有效推动口碑营销和合作伙伴关系的建立，为乡村文化振兴赢得更多支持和资源。在未来的实践中，我们应不断探索和创新口碑营销和合作伙伴关系建立的方式方法，以适应乡村文化振兴实践创新的需求和发展趋势。

五、活动预热与现场互动

在乡村文化振兴实践创新中，活动预热与现场互动是提升活动效果、增强受众参与感的重要手段。通过精心策划和实施活动预热与现场互动环节，

我们可以有效地吸引受众关注，激发他们的参与热情，进而推动乡村文化的广泛传播和深入影响。

（一）精心策划活动预热，营造期待氛围

活动预热是吸引受众关注、提升活动影响力的关键环节。为了营造期待氛围，我们需要精心策划活动预热内容，包括活动主题、时间、地点、亮点等信息的发布，以及通过社交媒体、宣传海报、短视频等多种渠道进行广泛传播。同时，我们还可以邀请知名人士或文化名人进行代言或宣传，借助他们的影响力扩大活动的影响范围。通过精心策划的活动预热，我们可以提前吸引受众的注意力，激发他们的参与意愿，为活动的成功举办打下良好基础。

（二）创新现场互动形式，增强受众参与感

现场互动是活动成功的关键之一。为了增强受众的参与感和体验感，我们需要创新现场互动形式，让受众能够亲身参与、亲身体验。例如，可以设置互动游戏、文化体验区等环节，让受众在轻松愉快的氛围中感受乡村文化的魅力；同时，还可以邀请文化专家或当地村民进行现场讲解和演示，让受众更加深入地了解乡村文化的内涵和价值。通过创新的现场互动形式，我们可以让受众更加积极地参与活动，增强他们对乡村文化的认同感和归属感。

（三）及时反馈互动效果，优化活动策略

活动预热与现场互动的效果需要及时反馈和评估，以便我们根据受众的反馈和意见进行策略优化。通过收集受众的反馈意见，我们可以了解他们对活动的满意度、对乡村文化的认知程度等信息，进而调整活动内容和形式，更好地满足受众的需求和期望。同时，我们还可以利用数据分析工具对活动效果进行量化评估，从数据层面分析活动的成功之处和不足之处，为未来的活动策划提供有益的参考和借鉴。

活动预热与现场互动在乡村文化振兴实践创新中发挥着重要作用。通过精心策划活动预热、创新现场互动形式以及及时反馈互动效果等方式，我们可以有效地提升活动效果、增强受众参与感，推动乡村文化的广泛传播和深入影响。在未来的实践中，我们应继续探索和创新活动预热与现场互动的形式和内容，为乡村文化振兴注入更多的活力和动力。

第四节 乡村文化活动的效果评估与反馈

一、评估指标与方法的确定

乡村文化振兴实践创新是一个复杂而系统的过程，为了确保其有序、高效地进行，必须建立一套科学、合理的评估指标与方法。这不仅有助于我们准确衡量乡村文化振兴的成效，还能为未来的实践创新提供有益的参考和借鉴。

（一）明确评估目标，确保指标针对性

评估指标的确定首先要明确评估目标，即希望通过评估达到什么目的。在乡村文化振兴实践创新中，我们的评估目标可能包括衡量文化活动的参与度、乡村文化资源的开发利用情况、文化传承与创新的效果等。只有明确了评估目标，我们才能有针对性地选择和设计评估指标，确保评估结果能够真实反映乡村文化振兴的实际情况。

（二）综合考量多维度因素，构建全面评估体系

乡村文化振兴涉及多个方面，包括文化传承、文化创新、文化产业发展等。因此，在构建评估体系时，我们需要综合考量多维度因素，确保评估指标能够全面反映乡村文化振兴的各个方面。这包括定性指标和定量指标的结合，既要考虑文化活动的数量和质量，也要关注文化资源的保护和利用情况，以及文化创新成果的转化和应用等。

（三）注重数据的可获取性和可操作性，确保评估的可行性

评估指标的确定还需要考虑数据的可获取性和可操作性。我们应选择那些易于获取、便于操作的数据指标，避免过于复杂或难以获取的数据。同时，评估方法也应简单易行，便于实际操作和推广。这样不仅能提高评估的效率，还能确保评估结果的准确性和可靠性。

（四）引入第三方评估机制，确保评估的公正性和客观性

为了确保评估结果的公正性和客观性，我们可以引入第三方评估机制。第三方评估机构通常具有专业的评估能力和独立的地位，能够客观、公正地评价乡村文化振兴的实践创新成果。通过第三方评估，我们可以避免主观性和偏见对评估结果的影响，提高评估的公信力和有效性。

（五）动态调整评估指标与方法，适应实践创新的需求

乡村文化振兴实践创新是一个不断发展的过程，评估指标与方法也应随之动态调整。我们需要根据实践创新的需求和变化，及时调整评估指标和方法，确保其能够适应新的情况和要求。同时，我们还应定期对评估体系进行审查和更新，确保其始终保持科学性和合理性。

确定乡村文化振兴实践创新的评估指标与方法是一个复杂而重要的任务。我们需要明确评估目标、综合考量多维度因素、注重数据的可获取性和可操作性、引入第三方评估机制以及动态调整评估指标与方法。只有这样，我们才能建立一套科学、合理的评估体系，为乡村文化振兴实践创新提供有力的支持和保障。

二、活动参与情况的统计与分析

乡村文化振兴实践创新是一个持续的过程，其中活动的参与情况是衡量实践创新效果的重要指标之一。通过对活动参与情况的统计与分析，我们可以深入了解受众的参与热情、活动的影响力以及实践创新的成效。

（一）活动参与人数的统计与分析

活动参与人数是衡量活动规模和受众关注度的关键指标。通过对参与人数的统计，我们可以分析活动的吸引力以及受众对乡村文化振兴实践创新的关注程度。如果参与人数众多，说明活动得到了广泛的关注和认可，也反映出乡村文化振兴实践创新具有较强的吸引力和影响力。反之，如果参与人数较少，则需要反思活动的设计、宣传和推广等方面是否存在问题，以便进行调整和优化。

除了统计参与人数，我们还应关注参与者的构成。通过分析参与者的年龄、性别、地域等特征，我们可以了解不同群体对乡村文化振兴实践创新的

态度和参与度，为未来的活动策划和推广提供有针对性的建议。

（二）活动互动情况的统计与分析

活动的互动情况反映了受众的参与热情和对活动的投入程度。通过对活动互动情况的统计与分析，我们可以了解受众对乡村文化振兴实践创新的认同感和归属感。例如，我们可以统计活动现场的互动环节参与人数、互动频率以及互动质量等指标，分析受众的参与程度和互动效果。

此外，我们还可以利用社交媒体等线上平台对活动互动情况进行监测和分析。通过关注受众在社交媒体上的讨论、分享和反馈，我们可以了解受众对活动的看法和建议，为未来的活动改进提供依据。

（三）活动效果的评估与反馈

活动效果的评估是了解实践创新成效的重要途径。通过对活动效果的评估与反馈，我们可以分析活动的成功之处和不足之处，为未来的活动优化提供方向。评估活动效果时，我们可以关注以下几个方面：

首先，评估活动的传播效果。通过统计活动的传播范围和影响力，我们可以了解活动在乡村文化振兴实践创新中的宣传效果。

其次，评估活动的参与效果。通过收集参与者的反馈意见和满意度调查结果，我们可以了解活动对受众的吸引力和满意度，进而分析活动的参与效果。

最后，评估活动的实践创新效果。通过对活动成果的展示和推广效果进行评估，我们可以了解活动在推动乡村文化振兴实践创新方面的实际效果。

活动参与情况的统计与分析对于了解乡村文化振兴实践创新的成效具有重要意义。通过统计与分析活动参与人数、互动情况以及活动效果等指标，我们可以深入了解受众的参与热情、活动的影响力以及实践创新的成效，为未来的活动策划和改进提供有益的参考和借鉴。在未来的实践中，我们应继续关注活动参与情况的变化和趋势，不断优化活动设计和推广策略，推动乡村文化振兴实践创新的深入发展。

三、活动反馈的收集与处理

在乡村文化振兴实践创新中，活动反馈的收集与处理是至关重要的一环。

它不仅能够帮助我们了解活动的实际效果，还能为未来的实践创新提供宝贵的经验和借鉴。因此，我们需要从多个方面系统地收集并处理活动反馈，确保信息的准确性和有效性。

（一）明确反馈收集的目标与范围

在活动结束后，我们需要明确反馈收集的目标和范围。这包括确定收集哪些方面的反馈、面向哪些群体进行收集等。通过明确目标和范围，我们可以有针对性地设计反馈收集方案，确保收集到的信息具有代表性和实用性。

（二）制定多样化的反馈收集方式

为了确保反馈的多样性和全面性，我们需要制定多样化的反馈收集方式。这可以包括问卷调查、面对面访谈、线上留言板等多种方式。不同的方式适用于不同的群体和场景，能够帮助我们更全面地了解受众的反馈和意见。

（三）注重反馈信息的真实性与有效性

在收集反馈信息时，我们需要注重信息的真实性和有效性。通过设置合理的问题和选项，避免引导性语言，确保受众能够真实表达自己的看法和意见。同时，我们还需要对收集到的信息进行筛选和整理，剔除无效和重复的信息，确保反馈结果的准确性和可靠性。

（四）深入分析反馈结果，挖掘潜在问题

收集到反馈信息后，我们需要进行深入的分析和挖掘。通过对反馈结果的量化分析和定性描述，我们可以了解活动的优点和不足，发现潜在的问题和改进空间。同时，我们还可以将反馈结果与活动目标进行对比，评估活动的实际效果和达成度。

（五）制定改进措施，推动实践创新

基于反馈结果的分析，我们需要制定相应的改进措施，推动乡村文化振兴实践创新的不断发展。改进措施可以包括调整活动内容、优化活动形式、提升服务质量等多个方面。通过不断地改进和创新，我们可以提高活动的吸引力和影响力，更好地满足受众的需求和期望。

此外，我们还需要建立长效的反馈机制，确保活动反馈的收集与处理成

为一个持续的过程。通过定期收集和处理反馈信息，我们可以及时了解受众的需求和变化，为未来的活动策划和改进提供有力的支持。

活动反馈的收集与处理是乡村文化振兴实践创新中不可或缺的一环。通过明确目标、制定多样化方式、注重真实有效、深入分析挖掘以及制定改进措施等多个方面的努力，我们可以更好地了解活动的实际效果和受众的需求，推动乡村文化振兴实践创新的不断深入发展。

四、活动效果的总结与反思

乡村文化振兴实践创新活动的结束并不意味着工作的终结，而是新起点上的再出发。对活动效果的总结与反思，不仅是对过去工作的回顾，更是对未来发展的规划。

（一）活动目标的达成情况

首先，我们需要对活动目标的达成情况进行全面的总结。在活动策划之初，我们设定了明确的目标，包括提升乡村文化的知名度、增强村民的文化自信、推动文化产业的发展等。在活动结束后，我们需要通过对比活动前后的数据变化、受众反馈等信息，来评估目标的达成情况。

如果目标达成情况良好，说明我们的活动策划和执行是有效的，同时也反映了乡村文化振兴实践创新的潜力和价值。如果目标达成情况不尽如人意，我们则需要深入分析原因，是活动策划不够精准，还是执行过程中出现了偏差，或者是受众群体的问题等。通过总结与反思，我们可以找到问题的症结所在，为未来的活动提供改进的方向。

（二）活动过程的优化与提升

其次，我们需要对活动过程的优化与提升进行总结与反思。在活动执行过程中，我们可能会遇到各种预料之外的情况，比如受众参与度不高、活动流程不够顺畅、宣传效果不理想等。这些问题都需要我们在活动结束后进行深入的反思和总结。

我们需要分析问题的原因，是活动策划不够细致，还是执行人员的素质和能力有待提高，或者是外部环境的影响等。针对这些问题，我们需要提出具体的改进措施，比如优化活动流程、提升宣传效果、加强人员培训等。通过不断地优化和提升活动过程,我们可以提高活动的质量和效果,为乡村文化振兴实践创新注入更多的活力和动力。

(三)活动影响的评估与展望

最后,我们需要对活动影响的评估与展望进行总结与反思。乡村文化振兴实践创新活动的影响不仅仅体现在活动本身的效果上,更体现在对乡村文化发展的长远影响上。因此,我们需要对活动的影响进行全面的评估,包括文化影响力的提升、村民文化自觉性的增强、文化产业的发展等方面。

同时,我们还需要展望未来,思考如何通过持续的活动推动乡村文化的振兴和发展。我们可以探索更多的活动形式和内容,吸引更多的受众参与;我们可以加强与政府、企业等机构的合作,共同推动乡村文化产业的发展;我们还可以借鉴其他地区的成功经验,结合本地实际情况进行创新实践。

总之,对乡村文化振兴实践创新活动效果的总结与反思是一个持续的过程,需要我们不断地回顾过去、总结经验、展望未来。通过不断地总结与反思,我们可以找到问题的症结所在,提出改进措施,推动乡村文化振兴实践创新的深入发展。

五、活动改进与未来规划

乡村文化振兴实践创新是一个持续不断的过程,每一次活动的结束都是新起点的开始。因此,对活动进行深入的改进与规划,对于推动乡村文化振兴实践创新的深入发展具有重要意义。

(一)总结活动经验,优化活动设计

首先,我们需要全面总结活动的经验教训,深入分析活动的成功之处和不足之点。通过收集参与者的反馈意见,我们可以了解活动的受众需求和市场反应,为未来的活动设计提供有益的参考。同时,我们还可以结合活动的实际效果,调整和优化活动目标、内容、形式等方面,确保活动更加符合受众的期望和需求。

(二)加强资源整合,提升活动品质

资源整合是提升活动品质的关键。在未来的活动中,我们需要积极寻求

政府、企业、社会组织等多方面的支持与合作，共同推动乡村文化振兴实践创新。通过整合各类资源，我们可以为活动提供更多的资金、人才和技术支持，提升活动的规模和品质，吸引更多的受众参与。

（三）创新活动形式，增强活动吸引力

创新是乡村文化振兴实践创新的核心动力。在未来的活动中，我们需要不断探索新的活动形式和内容，增强活动的吸引力和影响力。例如，我们可以结合乡村特色，开展文化体验、乡村旅游等活动，让受众在参与中感受乡村文化的魅力。同时，我们还可以利用互联网、新媒体等现代科技手段，扩大活动的传播范围和影响力。

（四）建立长效机制，推动持续发展

乡村文化振兴实践创新需要建立长效机制，确保活动的持续性和稳定性。我们可以通过建立活动组织机构、制定活动规划、设立专项资金等方式，为活动的持续开展提供有力保障。同时，我们还需要加强活动成果的评估和反馈，及时调整和改进活动方案，确保活动的持续发展和创新。

（五）加强人才培养，提升队伍素质

人才是推动乡村文化振兴实践创新的重要力量。在未来的工作中，我们需要加强人才培养和队伍建设，提升活动组织者的专业素养和实践能力。通过举办培训班、开展交流活动等方式，我们可以为活动组织者提供更多的学习机会和交流平台，帮助他们不断提升自己的能力和水平。

总之，活动改进与未来规划是推动乡村文化振兴实践创新的重要环节。通过总结活动经验、加强资源整合、创新活动形式、建立长效机制以及加强人才培养等方面的努力，我们可以不断提升活动的品质和影响力，为乡村文化振兴实践创新的深入发展贡献力量。同时，我们还需要保持开放的心态和创新的精神，不断探索新的实践路径和发展模式，推动乡村文化振兴实践创新不断取得新的成果和突破。

第五章　乡村文化网络的建设与应用

第一节　乡村文化网络的意义与价值

一、促进乡村文化资源的数字化保存

在乡村文化振兴的实践创新中，促进乡村文化资源的数字化保存具有重要意义。数字化保存不仅能够保护乡村文化的传承与发展，还能为乡村文化的传播和创新提供有力的支撑。

（一）数字化保存的重要性

乡村文化是中华民族文化的重要组成部分，蕴含着丰富的历史信息和深厚的文化底蕴。然而，随着时代的变迁和现代化的冲击，许多乡村文化资源面临着消失或损毁的风险。数字化保存作为一种高效、便捷的方式，能够永久性地保存乡村文化资源的原始形态，避免因自然因素或人为原因造成的损坏和丢失。

（二）数字化保存的技术手段

数字化保存依赖于先进的信息技术手段。通过高清摄影、录音、录像等技术手段，我们可以将乡村文化资源的形态、声音、色彩等细节进行精确记录。同时，利用数字化处理技术，可以将这些资源转化为数字格式，便于存储、传输和共享。此外，虚拟现实、增强现实等技术的运用，还能让受众更加直观地体验乡村文化的魅力。

（三）数字化保存的实践应用

在乡村文化振兴的实践创新中，数字化保存的应用已经取得了显著成效。一方面，通过数字化保存，我们可以将乡村的非物质文化遗产、传统技艺、民间故事等文化资源进行整理和分类，建立乡村文化资源数据库，为乡村文化的传承和发扬提供有力支持。另一方面，数字化保存也为乡村文化的传播和创新提供了广阔的空间。通过网络平台、社交媒体等渠道，我们可以将乡村文化资源展示给更广泛的受众，促进乡村文化的交流与融合。

（四）数字化保存的未来发展

随着科技的不断进步，数字化保存将在乡村文化振兴实践创新中发挥更加重要的作用。未来，我们可以进一步探索数字化保存的新技术、新方法，提高保存质量和效率。同时，加强乡村文化资源数字化保存的规范化、标准化建设，确保保存工作的科学性和系统性。此外，还可以结合乡村旅游、文化创意产业等发展方向，将数字化保存的乡村文化资源转化为具有市场价值的文化产品，推动乡村文化的产业化发展。

促进乡村文化资源的数字化保存是乡村文化振兴实践创新的重要一环。通过数字化保存，我们可以有效地保护乡村文化的传承与发展，为乡村文化的传播和创新提供有力支撑。在未来的实践中，我们应继续探索数字化保存的新技术、新方法，推动乡村文化资源的数字化保存工作不断向前发展。

二、拓宽乡村文化传播渠道

在乡村文化振兴的实践创新中，拓宽文化传播渠道是至关重要的一环。通过多元化的传播方式，我们能够将乡村文化的魅力传递给更广泛的受众，增强乡村文化的社会影响力和认同感。

（一）传统媒介与新媒体的融合传播

传统媒介如报纸、电视、广播等，在乡村地区仍具有一定的传播覆盖面。通过加强与这些媒介的合作，我们可以将乡村文化的相关内容以文字、图片、音视频等形式呈现给受众，提高乡村文化的知名度和可见度。同时，新媒体如互联网、社交媒体、短视频平台等，具有传播速度快、互动性强等特点，是拓宽乡村文化传播渠道的重要力量。通过在新媒体平台上发布乡村文化相关内容，我们可以吸引更多年轻受众的关注和参与，推动乡村文化的传播和创新。

（二）文化活动与节庆的推广传播

乡村地区的文化活动与节庆是展现乡村文化魅力的重要载体。通过举办丰富多彩的文化活动和节庆活动，如农民画展、民间歌舞表演、传统手工艺展示等，我们可以吸引更多游客和观众的到来，让乡村文化走出乡村，走向城市，走向全国乃至全世界。同时，这些活动还可以为乡村地区的经济发展注入新的活力，促进乡村文化的产业化发展。

（三）文化旅游与体验式传播的结合

文化旅游是传播乡村文化的重要途径之一。通过开发具有乡村特色的旅游线路和产品，我们可以让游客在亲身体验中感受乡村文化的独特魅力。例如，可以设计以乡村文化为主题的民宿、农家乐等旅游项目，让游客在住宿、餐饮等方面深入了解乡村文化。此外，还可以开展乡村文化体验活动，如农耕体验、手工艺制作等，让游客在参与中加深对乡村文化的理解和认同。

拓宽乡村文化传播渠道是乡村文化振兴实践创新的关键举措。通过传统媒介与新媒体的融合传播、文化活动与节庆的推广传播以及文化旅游与体验式传播的结合，我们可以将乡村文化的魅力传递给更广泛的受众，增强乡村文化的社会影响力和认同感。在未来的实践中，我们应继续探索多元化的传播方式，不断创新传播手段和内容，为乡村文化振兴实践创新注入新的活力。

三、推动乡村文化产业创新发展

乡村文化产业创新发展是乡村文化振兴实践创新的核心动力，对于促进乡村经济繁荣、提升乡村文化软实力具有重要意义。

（一）挖掘乡村文化资源，打造特色文化品牌

乡村地区蕴藏着丰富的文化资源，包括自然景观、民俗风情、传统技艺等。通过深入挖掘这些资源，我们可以打造出具有地方特色的文化品牌，为乡村文化产业的发展提供有力支撑。例如，依托乡村地区的自然景观，可以开发乡村旅游产品；结合民俗风情和传统技艺，可以打造特色文化演艺、手工艺

品等。这些特色文化品牌不仅能够吸引游客和消费者，还能提升乡村文化的知名度和美誉度。

（二）加强文化创新，提升文化产业竞争力

创新是文化产业发展的核心动力。在乡村文化产业的发展过程中，我们需要注重文化创新，不断推出具有新颖性、独特性的文化产品和服务。例如，可以利用现代科技手段对传统文化资源进行改造和升级，创造出更加符合现代审美需求的文化产品；还可以结合市场需求，开发具有实用性和观赏性的文化衍生品。通过文化创新，我们可以提升乡村文化产业的竞争力，拓展市场份额。

（三）培育文化产业人才，提升产业发展水平

人才是推动文化产业发展的关键。在乡村地区，我们需要积极培育文化产业人才，包括文化创意人才、文化经营管理人才等。可以通过举办培训班、开展交流活动等方式，提升当地居民的文化素养和创意能力；还可以引进外部人才，为乡村文化产业的发展注入新的活力。同时，我们还需要建立完善的激励机制，吸引更多的人才投身于乡村文化产业的发展。

（四）加强政策扶持，优化产业发展环境

政策扶持是推动乡村文化产业发展的重要保障。政府可以通过制定优惠政策、提供资金支持等方式，为乡村文化产业的发展提供有力支持。例如，可以设立乡村文化产业发展专项资金，用于支持文化项目的研发和推广；还可以减免税费、提供贷款等优惠政策，降低文化产业发展的成本。同时，我们还需要加强产业规划和布局，优化产业发展环境，为乡村文化产业的发展创造良好的条件。

（五）深化产业融合，拓展乡村文化产业链

产业融合是推动文化产业创新发展的重要途径。在乡村地区，我们可以深化文化产业与农业、旅游业等相关产业的融合，拓展乡村文化产业链。例如，可以将文化产业与农业相结合，开发农耕文化体验项目；还可以将文化产业与旅游业相结合，打造文化旅游综合体。通过产业融合，我们可以实现资源共享和优势互补，提升乡村文化产业的综合效益和竞争力。

推动乡村文化产业创新发展是乡村文化振兴实践创新的核心动力。通过挖掘乡村文化资源、加强文化创新、培育文化产业人才、加强政策扶持以及深化产业融合等措施，我们可以为乡村文化产业的发展注入新的活力，推动乡村文化振兴实践创新的深入发展。

四、增强乡村文化自信与认同感

在乡村文化振兴的实践创新中，增强乡村文化自信与认同感是至关重要的。文化自信是一个民族、一个地区、一个群体对自身文化价值的肯定和认同，是文化发展的内在动力。乡村文化自信与认同感的提升，不仅能够激发乡村文化的内在动力，还能够促进乡村社会的和谐稳定与发展。

（一）传承乡村优秀文化，弘扬乡村精神

乡村优秀文化是乡村文化自信与认同感的源泉。通过深入挖掘和传承乡村优秀文化，我们可以让乡村居民更加深入地了解自己的文化根源和历史传承，从而增强对乡村文化的认同感和自豪感。同时，弘扬乡村精神，如勤劳、淳朴、诚信等，也是提升乡村文化自信的重要途径。这些精神品质是乡村文化的精髓，能够激发乡村居民的归属感和责任感，推动乡村社会的和谐发展。

（二）加强乡村文化教育，提升文化素养

教育是培养文化自信的重要途径。通过加强乡村文化教育，我们可以让乡村居民更加全面地了解乡村文化的内涵和价值，提升他们的文化素养和文化自觉。可以通过开设乡村文化课程、举办文化活动等方式，让乡村居民亲身参与和体验乡村文化的魅力。同时，还可以利用现代科技手段，如互联网、多媒体等，扩大乡村文化教育的覆盖面和影响力。

（三）展示乡村文化成果，增强文化自信心

展示乡村文化成果是增强乡村文化自信心的有效方式。通过举办乡村文化展览、演出、比赛等活动，我们可以让乡村居民看到自己的文化成果得到社会的认可和赞誉，从而增强对乡村文化的自信心。同时，这些活动还能够吸引外部关注和资源，为乡村文化的发展提供更多的支持和帮助。

（四）促进城乡文化交流，拓宽文化视野

城乡文化交流是增强乡村文化自信与认同感的重要途径。通过加强城乡之间的文化交流与合作，我们可以让乡村居民更加深入地了解城市文化，同时也能够让城市居民更加了解和欣赏乡村文化。这种交流不仅有助于拓宽乡村居民的文化视野，还能够促进城乡之间的文化融合和共同发展。通过举办城乡文化交流活动、建立文化合作机制等方式，我们可以推动城乡文化在交流中相互借鉴、共同发展。

增强乡村文化自信与认同感是乡村文化振兴实践创新的重要基石。通过传承乡村优秀文化、加强乡村文化教育、展示乡村文化成果以及促进城乡文化交流等措施，我们可以激发乡村文化的内生动力，提升乡村居民的文化素养和文化自觉，推动乡村社会的和谐稳定与发展。在未来的实践中，我们应继续探索更多有效的途径和方法，不断增强乡村文化自信与认同感，为乡村文化振兴实践创新提供坚实的支撑。

五、服务乡村振兴战略全局

在乡村振兴战略的全局中，乡村文化振兴实践创新扮演着至关重要的角色。通过推动乡村文化的繁荣与发展，我们可以为乡村振兴注入新的活力，促进乡村社会的全面进步。

（一）提升乡村治理能力

乡村文化是乡村治理的重要资源。通过挖掘和传承乡村优秀文化，弘扬社会主义核心价值观，我们可以引导乡村居民树立正确的道德观念和行为规范，增强他们的法治意识和社会责任感。同时，乡村文化活动也是凝聚人心、汇聚力量的有效方式，能够增强乡村居民的归属感和自豪感，推动乡村治理体系的完善和创新。

（二）促进乡村经济发展

文化与经济是相互促进、相辅相成的。在乡村振兴实践中，我们可以通过发展文化产业和文化旅游来带动乡村经济的发展。例如，可以依托乡村文化资源优势，开发具有地方特色的文化产品和旅游项目；还可以通过举办文化节庆活动等方式吸引游客和投资，促进乡村经济的多元化发展。此外，乡

村文化教育也有助于提高乡村居民的文化素养和技能水平，为他们的就业创业提供更好的支持。

（三）优化乡村生态环境

乡村生态环境是乡村文化赖以生存和发展的基础。在服务乡村振兴战略全局的过程中，我们需要注重保护乡村生态环境，推动绿色发展。可以通过加强环境治理和保护工作，推进生态修复和污染防治；还可以开展生态文明宣传教育和技术培训等活动，提高乡村居民的环保意识和技能水平。通过这些措施的实施，我们可以打造宜居宜业的美丽乡村环境。

（四）丰富乡村精神文化生活

乡村精神文化生活是乡村文化建设的重要内容之一。在服务乡村振兴战略全局的过程中，我们需要注重丰富乡村精神文化生活，满足人民群众日益增长的精神文化需求。可以通过建设公共文化设施和服务体系，提供更多的文化产品和服务；还可以组织开展各种形式的文化活动和文艺演出等，让乡村居民在参与中感受文化的魅力和乐趣。这些举措有助于提升乡村居民的生活质量和幸福感。

（五）推动城乡融合发展

城乡融合发展是实现乡村振兴的重要途径之一。在服务乡村振兴战略全局的过程中，我们需要注重推动城乡融合发展，打破城乡二元结构体制障碍和政策壁垒。可以通过加强城乡规划和管理，优化城乡空间布局；还可以推动教育、医疗等公共服务向农村地区延伸覆盖，缩小城乡差距。通过这些措施的实施，我们可以实现城乡要素的自由流动和优化配置，促进城乡共同繁荣发展。

乡村文化振兴实践创新在服务乡村振兴战略全局中具有举足轻重的地位和作用。通过提升乡村治理能力、促进乡村经济发展、优化乡村生态环境、丰富乡村精神文化生活以及推动城乡融合发展等措施的实施，我们可以为乡村振兴注入新的活力并取得更加显著的成效。在未来的实践中我们应继续探索更多有效的途径和方法不断提升乡村文化振兴的实践创新能力与水平为乡村振兴战略的全局作出更大的贡献。

第二节 乡村文化网络的内容与功能

一、乡村文化资源数据库建设

在乡村文化振兴的实践创新中，乡村文化资源数据库的建设扮演着至关重要的角色。通过构建全面、系统的乡村文化资源数据库，我们可以深入挖掘乡村文化的内涵和价值，为乡村文化的发展提供有力的支撑。

（一）整合乡村文化资源，实现信息共享

乡村文化资源数据库的建设，首先需要对乡村地区的各类文化资源进行全面梳理和整合。这包括自然景观、历史遗迹、民俗风情、传统技艺等各个方面。通过数据库的建设，我们可以将这些分散的资源进行集中管理，实现信息的共享和互通。这不仅有助于提升乡村文化的知名度和影响力，还能够为乡村文化的发展提供丰富的素材和灵感。

（二）挖掘乡村文化价值，传承优秀文化

乡村文化资源数据库的建设，不仅是对现有资源的整合，更是对乡村文化价值的深入挖掘。通过数据库的构建，我们可以对乡村文化进行系统的梳理和研究，挖掘其内在的价值和意义。这有助于我们更好地传承和弘扬乡村优秀文化，提升乡村文化的软实力和竞争力。同时，挖掘乡村文化价值还能够为乡村文化产业的发展提供有力的支撑，推动乡村经济的繁荣。

（三）促进乡村文化创新，推动文化发展

乡村文化资源数据库的建设，为乡村文化的创新提供了广阔的空间。通过数据库的利用，我们可以对乡村文化进行深入的研究和分析，发现其中的创新点和潜力。同时，数据库中的丰富资源也可以为文化创新提供灵感和素材，推动乡村文化的不断发展。这种创新不仅体现在文化产品的创作上，还体现在文化活动的组织和文化服务的提供上，为乡村居民带来更加丰富多彩的文化生活。

(四)支撑乡村文化产业发展,助力乡村振兴

乡村文化资源数据库的建设,对于乡村文化产业的发展具有重要的支撑作用。通过数据库的建设,我们可以为乡村文化产业提供丰富的素材和灵感,推动文化产品的创作和推广。同时,数据库中的信息也可以为文化产业的规划和发展提供有力的支持,帮助乡村地区找到适合自身发展的文化产业方向。通过文化产业的发展,我们可以带动乡村经济的繁荣,为乡村振兴注入新的活力。

乡村文化资源数据库建设是乡村文化振兴实践创新的重要基石。通过整合乡村文化资源、挖掘乡村文化价值、促进乡村文化创新以及支撑乡村文化产业发展等方面的努力,我们可以为乡村文化的发展提供有力的支撑,推动乡村文化振兴实践创新的深入发展。在未来的实践中,我们应继续加强乡村文化资源数据库的建设和完善工作,为乡村文化的繁荣和发展作出更大的贡献。

二、乡村文化信息服务平台搭建

在乡村文化振兴的实践创新中,乡村文化信息服务平台的搭建是不可或缺的一环。通过构建高效、便捷的信息服务平台,我们可以更好地满足乡村居民的文化需求,推动乡村文化的繁荣发展。

(一)汇聚多元文化资源,丰富乡村文化生活

乡村文化信息服务平台作为资源整合的枢纽,能够汇聚来自四面八方的文化资源。无论是传统的民间艺术、地方戏曲,还是现代的影视作品、网络文化,都可以通过这个平台得以展示和传播。这不仅丰富了乡村居民的文化生活,也让他们能够更深入地了解和感受中华文化的博大精深。

(二)提供便捷服务,满足个性化需求

乡村文化信息服务平台通过线上线下的方式,为乡村居民提供便捷的文化服务。居民可以通过平台查询文化活动信息、预约文化场馆、购买文化产品等,实现文化消费的个性化和多样化。同时,平台还可以根据居民的兴趣和需求,推荐适合的文化内容和活动,让文化服务更加贴心和精准。

(三)促进文化交流,推动文化创新

乡村文化信息服务平台不仅是一个资源展示和服务的平台,更是一个文化交流和创新的平台。通过这个平台,不同地区的乡村文化可以相互借鉴、交流融合,产生新的文化形态和创意。同时,平台还可以吸引外部的文化资源和人才,为乡村文化的创新提供源源不断的动力。

(四)提升乡村文化软实力,增强文化自信

乡村文化信息服务平台的搭建,有助于提升乡村文化的软实力和影响力。通过平台的宣传和推广,乡村文化的独特魅力和价值得以彰显,增强了乡村居民的文化自信心和自豪感。同时,平台还可以吸引外部的关注和支持,为乡村文化的发展营造良好的社会氛围。

(五)助力乡村文化产业发展,促进经济繁荣

乡村文化信息服务平台在推动乡村文化产业发展方面发挥着重要作用。通过平台的运营和推广,可以吸引更多的投资者和消费者关注乡村文化产业,推动相关产业的快速发展。同时,平台还可以为乡村文化产品提供销售和推广渠道,帮助乡村文化产业实现市场化、产业化运作,促进乡村经济的繁荣和发展。

乡村文化信息服务平台搭建是乡村文化振兴实践创新的重要推动力。通过汇聚多元文化资源、提供便捷服务、促进文化交流、提升文化软实力以及助力文化产业发展等方面的努力,我们可以为乡村文化的繁荣发展注入新的活力和动力。在未来的实践中,我们应继续加强乡村文化信息服务平台的建设和完善工作,为乡村文化振兴实践创新作出更大的贡献。

三、乡村文化网络教育体系建设

在乡村文化振兴的实践创新中,乡村文化网络教育体系建设扮演着至关重要的角色。通过构建全面、高效的乡村文化网络教育体系,我们能够为广大乡村居民提供丰富多彩的文化教育资源,促进乡村文化的传承与创新。

(一)构建多元化教育资源库,满足多样化学习需求

乡村文化网络教育体系的核心在于建立丰富的教育资源库。这包括传统

乡村文化的数字化资源、现代文化教育内容以及各类在线学习课程等。通过整合和优化这些资源，我们可以为乡村居民提供多样化的学习选择，满足他们不同层次的学习需求。无论是想要了解乡村历史文化的老年人，还是渴望学习新知识技能的青年人，都能在这个体系中找到适合自己的学习内容。

（二）搭建互动交流平台，促进文化交流与共享

乡村文化网络教育体系不仅是一个资源获取的平台，更是一个文化交流与共享的空间。通过搭建在线互动交流平台，我们可以鼓励乡村居民积极参与文化讨论、分享学习心得，形成浓厚的文化氛围。这种交流不仅有助于增进乡村居民之间的了解与友谊，还能促进不同文化之间的碰撞与融合，为乡村文化的创新发展提供源源不断的动力。

（三）推广先进教育理念和方法，提升乡村教育质量

乡村文化网络教育体系的建设，还有助于推广先进的教育理念和方法，提升乡村教育的整体质量。通过引入现代教育技术手段，如在线教育、远程教育等，我们可以打破地域限制，让乡村居民享受到优质的教育资源。同时，我们还可以结合乡村文化的特点，开发具有地方特色的教育课程和活动，增强教育的针对性和实效性。这些举措不仅有助于提升乡村居民的文化素养和技能水平，还能为乡村社会的可持续发展奠定坚实的基础。

乡村文化网络教育体系建设是乡村文化振兴实践创新的重要支撑。通过构建多元化教育资源库、搭建互动交流平台以及推广先进教育理念和方法等方面的努力，我们可以为乡村居民提供更加优质、高效的文化教育服务，促进乡村文化的传承与创新。在未来的实践中，我们应继续加强乡村文化网络教育体系建设工作，不断完善和优化教育资源和服务内容，为乡村文化振兴实践创新注入新的活力和动力。

四、乡村文化互动交流平台打造

乡村文化互动交流平台作为乡村文化振兴实践创新的关键举措，对于推动乡村文化的繁荣发展具有重要意义。通过搭建这一平台，我们可以促进乡村内外部的文化交流，激发文化创新活力，提升乡村居民的文化素养和生活品质。

（一）构建线上线下相结合的互动模式

乡村文化互动交流平台应充分利用现代信息技术手段，构建线上线下相结合的互动模式。通过线上平台，乡村居民可以随时随地参与文化活动、分享文化成果、交流文化心得；线下活动则可以为乡村居民提供亲身体验和实际操作的机会，增强文化的感知力和参与度。这种线上线下相结合的互动模式，既拓宽了文化交流的渠道，又丰富了文化活动的形式。

（二）汇聚多元文化主体，形成文化合力

乡村文化互动交流平台应致力于汇聚多元文化主体，包括乡村居民、文化工作者、专家学者等，形成文化合力。通过平台，不同文化主体可以相互学习、借鉴和融合，共同推动乡村文化的创新和发展。同时，平台还可以吸引外部文化资源和人才，为乡村文化的发展注入新的活力和动力。

（三）举办丰富多彩的文化活动，增强文化吸引力

乡村文化互动交流平台应定期举办丰富多彩的文化活动，如文艺演出、展览展示、文化讲座等，吸引乡村居民积极参与。这些活动不仅可以展示乡村文化的独特魅力，还可以增强乡村居民的文化自信心和归属感。同时，通过活动的举办，平台还可以为乡村文化产业的发展提供有力支持，推动文化产业的繁荣。

（四）加强文化资源整合与共享，提升文化服务效能

乡村文化互动交流平台应加强对文化资源的整合与共享，通过平台实现文化资源的优化配置和高效利用。这包括将乡村传统文化资源进行数字化处理，使其得以保存和传承；同时，将现代文化教育资源引入乡村，为乡村居民提供更加丰富多样的文化服务。通过资源整合与共享，平台可以提升文化服务的效能和质量，满足乡村居民日益增长的文化需求。

（五）建立反馈机制，持续优化平台功能与服务

乡村文化互动交流平台应建立有效的反馈机制，及时收集和分析乡村居民对平台功能、服务等方面的意见和建议。通过反馈机制，平台可以不断优化功能和服务，提升用户体验和满意度。同时，平台还可以根据反馈情况调整文化活动的内容和形式，更好地满足乡村居民的文化需求。

乡村文化互动交流平台打造是乡村文化振兴实践创新的关键举措。通过构建线上线下相结合的互动模式、汇聚多元文化主体、举办丰富多彩的文化活动、加强文化资源整合与共享以及建立反馈机制等方面的努力，我们可以打造出一个功能完善、服务优质、互动活跃的乡村文化互动交流平台，为乡村文化的繁荣发展注入新的活力和动力。

五、乡村文化网络安全与监管机制

在乡村文化振兴的实践创新过程中，乡村文化网络安全与监管机制发挥着至关重要的作用。它不仅是乡村文化健康发展的保障，也是乡村文化创新活力得以释放的前提。

（一）强化网络安全意识，筑牢文化防线

乡村文化网络安全的首要任务是强化网络安全意识。乡村居民作为乡村文化的主体，其网络安全意识和素养直接关系到乡村文化网络的健康运行。因此，我们需要通过宣传教育、培训等方式，提高乡村居民的网络安全意识，使他们能够识别并防范网络文化中的不良信息和风险，筑牢乡村文化的安全防线。

（二）完善监管制度，规范网络行为

建立健全乡村文化网络监管制度，是保障乡村文化网络安全的重要手段。我们需要制定和完善相关法律法规，明确网络文化内容的标准和要求，规范乡村居民的网络行为。同时，建立专门的监管机构，加强对网络文化平台的监管力度，确保平台内容的合规性和健康性。

（三）加强技术防范，提升网络安全水平

技术防范是乡村文化网络安全的重要保障。我们需要利用先进的技术手段，如防火墙、入侵检测系统等，对网络文化平台进行安全防护，防止黑客攻击、病毒传播等安全事件的发生。同时，加强对网络文化内容的过滤和审查，确保乡村居民接触到的文化信息是健康、积极的。

（四）建立应急机制，应对网络风险

面对突发的网络文化安全事件，我们需要建立完善的应急机制，确保能

够及时、有效地应对和处理。这包括制定应急预案、建立快速反应机制、加强跨部门协作等,以最大限度地减少网络文化安全事件对乡村文化振兴实践创新的影响。

(五)促进文化自律,形成良好网络生态

乡村文化网络安全与监管机制的建设,不仅需要外部的监管和防范,更需要乡村居民的文化自律。我们需要引导乡村居民自觉遵守网络文化规范,积极传播正能量、抵制不良信息,形成良好的网络文化氛围。同时,鼓励乡村居民参与网络文化治理,共同维护乡村文化网络的健康发展。

综上所述,乡村文化网络安全与监管机制是乡村文化振兴实践创新的重要保障措施。通过强化网络安全意识、完善监管制度、加强技术防范、建立应急机制以及促进文化自律等方面的努力,我们可以为乡村文化振兴实践创新提供坚实的网络安全保障,推动乡村文化的繁荣发展。在未来的实践中,我们应继续加强乡村文化网络安全与监管机制的建设和完善工作,为乡村文化振兴实践创新保驾护航。

第三节 乡村文化网络的应用与推广

一、乡村文化网络应用场景拓展

在乡村文化振兴的实践创新中,乡村文化网络应用场景的拓展无疑是一条充满活力和潜力的重要途径。随着信息技术的迅猛发展,乡村文化网络应用场景不断拓展,为乡村文化的传播、交流与创新提供了更加广阔的空间。

(一)乡村文化网络传播平台的构建与运营

乡村文化网络传播平台是拓展乡村文化网络应用场景的基础。通过搭建官方网站、微信公众号、短视频平台等多元化渠道,我们可以将乡村文化的独特魅力展现给更广泛的受众。这些平台不仅可以发布乡村文化资讯、展示乡村文化成果,还可以开展线上文化活动,吸引更多人关注和参与乡村文化。

同时，借助大数据分析技术，我们可以精准推送符合用户兴趣的内容，提高乡村文化的传播效果。

（二）乡村文化网络教育资源的开发与利用

乡村文化网络教育资源的开发与利用是拓展乡村文化网络应用场景的重要方面。通过网络教育平台，我们可以将优质的乡村文化教育资源进行数字化处理，制作成在线课程、电子图书等形式，供乡村居民学习使用。这些资源不仅可以帮助乡村居民了解乡村历史、传承乡村文化，还可以提高他们的文化素养和技能水平。此外，网络教育平台还可以提供互动交流功能，让乡村居民在学习的过程中互相交流、分享心得，形成浓厚的学习氛围。

（三）乡村文化网络旅游服务的创新与提升

乡村文化网络旅游服务的创新与提升是拓展乡村文化网络应用场景的又一重要举措。通过网络平台，我们可以将乡村的旅游资源进行整合和推广，吸引更多游客前来体验乡村文化。同时，我们可以利用虚拟现实、增强现实等技术手段，为游客提供沉浸式的乡村文化体验，让他们能够更加深入地了解乡村文化的内涵和魅力。此外，我们还可以提供个性化的旅游定制服务，满足游客的多样化需求，提升乡村旅游的吸引力和竞争力。

（四）乡村文化网络创意产业的培育与发展

乡村文化网络创意产业的培育与发展是拓展乡村文化网络应用场景的重要方向。通过网络平台，我们可以将乡村的文化资源与创意产业相结合，开发出具有地方特色的文化产品。这些产品不仅可以满足乡村居民的文化需求，还可以成为乡村经济发展的新动力。同时，我们可以通过网络平台推广和销售这些文化产品，扩大市场份额，提升乡村文化的品牌价值。此外，我们还可以吸引外部的文化创意人才和资金进入乡村，推动乡村文化创意产业的繁荣发展。

乡村文化网络应用场景的拓展是乡村文化振兴实践创新的重要途径。通过构建与运营乡村文化网络传播平台、开发与利用乡村文化网络教育资源、创新与提升乡村文化网络旅游服务以及培育与发展乡村文化网络创意产业等方面的努力，我们可以为乡村文化的传播、交流与创新提供更加广阔的空间和更加有力的支持。在未来的实践中，我们应继续加强乡村文化网络应用场景的拓展工作，推动乡村文化振兴实践创新的深入发展。

二、乡村文化网络推广策略制定

在乡村文化振兴的实践创新中，制定有效的网络推广策略至关重要。通过科学、系统的网络推广，我们可以更好地传播乡村文化，吸引更多人关注和参与，从而推动乡村文化的繁荣发展。

（一）明确推广目标，精准定位受众

制定乡村文化网络推广策略的首要任务是明确推广目标。我们需要根据乡村文化的特点和优势，结合市场需求和受众喜好，确定推广的重点和方向。同时，通过市场调研和数据分析，精准定位目标受众，了解他们的文化需求、消费习惯等信息，为推广策略的制定提供有力支撑。

（二）优化推广内容，突出文化特色

推广内容是乡村文化网络推广的核心。我们需要深入挖掘乡村文化的内涵和价值，将其以生动、有趣的方式呈现出来。同时，注重创意和创新，打造具有地方特色的文化品牌，提升乡村文化的知名度和影响力。此外，还可以通过讲述乡村故事、展示乡村风貌等方式，增强推广内容的吸引力和感染力。

（三）多元化推广渠道，拓宽传播范围

推广渠道的选择直接关系到乡村文化网络推广的效果。我们需要充分利用互联网、移动媒体等多元化渠道，将推广内容传播到更广泛的受众群体。具体来说，可以通过官方网站、社交媒体、短视频平台等途径进行推广，同时结合线下活动、文化节庆等形式，形成线上线下相结合的推广模式。

（四）强化互动与参与，提升受众体验

互动与参与是提升乡村文化网络推广效果的关键。我们可以通过举办线上活动、开展话题讨论、征集文化作品等方式，吸引受众积极参与，增强他们的文化认同感和归属感。同时，及时回应受众的反馈和建议，不断优化推广策略，提升受众的体验和满意度。

（五）建立长效机制，持续推动推广

乡村文化网络推广是一项长期而艰巨的任务。我们需要建立长效机制，确保推广工作的持续性和稳定性。具体来说，可以制定详细的推广计划，明确各阶段的目标和任务；加强团队建设，提升推广人员的专业素养和创新能力；加强与政府、企业等各方的合作，共同推动乡村文化网络推广工作的深入开展。

制定有效的乡村文化网络推广策略对于推动乡村文化振兴实践创新具有重要意义。通过明确推广目标、优化推广内容、多元化推广渠道、强化互动与参与以及建立长效机制等方面的努力，我们可以为乡村文化的传播和发展注入新的活力和动力。在未来的实践中，我们应继续加强乡村文化网络推广策略的制定和实施工作，推动乡村文化振兴实践创新的深入发展。

三、乡村文化网络用户培养与引导

在乡村文化振兴的实践创新中，乡村文化网络用户的培养与引导扮演着至关重要的角色。这些用户不仅是乡村文化传播的接受者，更是乡村文化创新的重要参与者。通过有效地培养与引导乡村文化网络用户，我们可以激发他们的文化自觉性和创造力，推动乡村文化的繁荣发展。

（一）提升网络素养，增强用户参与能力

网络素养是乡村文化网络用户参与文化传播和创新的基础。我们需要通过开展网络知识普及活动、提供网络技能培训等方式，提升乡村居民的网络素养，使他们能够熟练使用各种网络工具和平台。同时，加强网络安全教育，提高乡村居民的网络安全意识和防护能力，确保他们在网络空间中的安全和合法权益。通过提升网络素养，乡村文化网络用户将能够更好地参与到乡村文化的传播和创新中来，为乡村文化的繁荣发展贡献力量。

（二）培养文化兴趣，激发用户创造活力

培养乡村文化网络用户对乡村文化的兴趣是引导他们积极参与文化创新的关键。我们可以通过推送优质乡村文化内容、举办线上文化活动等方式，吸引乡村文化网络用户的关注，激发他们的文化兴趣。同时，鼓励用户分享自己的乡村文化体验和感悟，引导他们积极参与乡村文化的创作和表达。通

过培养文化兴趣，乡村文化网络用户将能够更加主动地参与到乡村文化的创新中来，为乡村文化的多样性和丰富性注入新的活力。

（三）建立互动机制，促进用户交流互鉴

建立有效的互动机制是引导乡村文化网络用户积极参与文化创新的重要途径。我们可以通过建立线上社区、开设论坛等方式，为乡村文化网络用户提供一个交流互鉴的平台。在这个平台上，用户可以分享自己的文化成果、交流创作经验、互相学习和借鉴。同时，我们也可以邀请专家学者、文化工作者等参与互动，提供专业的指导和建议，促进乡村文化网络用户的成长和进步。通过互动机制的建立，乡村文化网络用户将能够更好地相互启发、相互激励，共同推动乡村文化的创新和发展。

（四）强化正向激励，提升用户参与热情

正向激励是激发乡村文化网络用户参与热情的重要手段。我们可以通过设立文化创新奖项、举办文化成果展示活动等方式，对在乡村文化创新中表现突出的用户进行表彰和奖励。同时，加强宣传和推广，让更多的人了解和关注这些优秀的文化成果和创新实践。通过正向激励的强化，乡村文化网络用户将能够更加积极地参与到乡村文化的创新中来，为乡村文化的繁荣发展贡献更多的智慧和力量。

乡村文化网络用户的培养与引导是乡村文化振兴实践创新的关键环节。通过提升网络素养、培养文化兴趣、建立互动机制和强化正向激励等方面的努力，我们可以激发乡村文化网络用户的创造力和参与热情，推动乡村文化的繁荣发展。在未来的实践中，我们应继续加强乡村文化网络用户的培养与引导工作，为乡村文化振兴实践创新注入更多的活力和动力。

四、乡村文化网络品牌塑造与传播

在乡村文化振兴的实践创新中，乡村文化网络品牌的塑造与传播具有举足轻重的地位。一个具有鲜明特色和广泛影响力的乡村文化网络品牌，不仅能够提升乡村文化的知名度和美誉度，还能够吸引更多的资源和人才，推动乡村文化的繁荣发展。

（一）挖掘乡村文化特色，塑造独特品牌形象

乡村文化网络品牌的塑造首先需要深入挖掘乡村文化的独特内涵和特色。每个乡村都有其独特的历史、传统、风俗和自然景观，这些都是塑造乡村文化网络品牌的重要资源。我们要通过深入研究和调研，将这些特色元素进行提炼和整合，形成具有鲜明个性的品牌形象。同时，要注重品牌的差异化定位，避免与其他乡村文化品牌的同质化竞争，从而在激烈的市场竞争中脱颖而出。

（二）创新传播方式，提升品牌知名度

在塑造乡村文化网络品牌的过程中，创新传播方式至关重要。我们要充分利用互联网、社交媒体等新媒体平台，通过短视频、直播、图文等多种形式，将乡村文化的魅力展现给更广泛的受众。同时，可以结合线上线下活动，如文化节庆、旅游推广等，形成多渠道、全方位的传播格局。此外，还可以借助意见领袖、网红等具有影响力的个体进行品牌代言和推广，提升乡村文化网络品牌的知名度和影响力。

（三）强化品牌故事化表达，增强情感共鸣

品牌故事是连接品牌与受众的重要纽带。我们要善于挖掘乡村文化背后的故事和传说，通过生动、有趣的故事化表达，让受众更加深入地了解乡村文化的内涵和价值。同时，要注重情感元素的融入，让受众在欣赏乡村文化的同时，能够感受到乡村的温暖和美好。通过品牌故事化表达，我们可以增强受众对乡村文化网络品牌的认同感和归属感，从而提升品牌的忠诚度和美誉度。

（四）构建品牌合作体系，实现资源共享与互利共赢

乡村文化网络品牌的塑造与传播需要各方共同参与和努力。我们要积极构建品牌合作体系，与政府、企业、社会组织等各方建立紧密的合作关系，共同推动乡村文化网络品牌的发展。通过资源共享和互利共赢的合作模式，我们可以汇聚更多的资源和力量，为乡村文化网络品牌的塑造与传播提供有力的支持。同时，这种合作模式还有助于提升乡村文化的社会认同度和影响力，推动乡村文化的全面振兴。

乡村文化网络品牌的塑造与传播是乡村文化振兴实践创新的重要一环。通过挖掘乡村文化特色、创新传播方式、强化品牌故事化表达以及构建品牌合作体系等方面的努力，我们可以打造出具有鲜明特色和广泛影响力的乡村文化网络品牌，为乡村文化的繁荣发展注入新的动力。在未来的实践中，我们应继续加强乡村文化网络品牌的塑造与传播工作，推动乡村文化振兴实践创新的深入发展。

五、乡村文化网络合作与交流机制建立

在乡村文化振兴的实践创新中，建立乡村文化网络合作与交流机制具有重要意义。通过加强合作与交流，可以促进乡村文化的资源共享、优势互补，推动乡村文化的繁荣发展。以下从四个方面详细阐述乡村文化网络合作与交流机制的建立及其在乡村文化振兴实践创新中的作用。

（一）构建多元合作主体，拓宽合作与交流渠道

乡村文化网络合作与交流机制的建立需要多元化的合作主体参与。政府、企业、社会组织、文化工作者以及乡村居民等各方都应成为合作与交流的重要力量。通过搭建合作平台、建立合作机制，促进各方之间的信息共享、资源整合和协同创新。同时，利用互联网、社交媒体等网络平台，拓宽合作与交流的渠道，使各方能够更加便捷地进行交流和合作。

（二）推动跨地域合作，实现文化资源的优化配置

乡村文化具有鲜明的地域特色，但不同地域之间的文化交流与合作也是推动乡村文化发展的重要途径。通过建立跨地域的合作机制，可以促进不同乡村之间的文化资源共享和优势互补，实现文化资源的优化配置。例如，可以开展文化节庆活动、文化交流展览等形式多样的合作项目，让不同地域的乡村文化相互碰撞、融合，激发出更多的创新火花。

（三）加强国际交流与合作，提升乡村文化国际影响力

乡村文化不仅是国内文化的重要组成部分，也是展示国家形象和文化软实力的重要窗口。因此，加强乡村文化的国际交流与合作具有重要意义。可以通过参加国际文化交流活动、举办国际文化论坛等方式，展示乡村文化的

独特魅力，吸引国际社会的关注和认可。同时，借鉴国外乡村文化发展的成功经验，推动国内乡村文化的创新发展。

（四）完善合作与交流机制，保障合作成果的落地与实效

建立乡村文化网络合作与交流机制的关键在于完善合作机制，确保合作成果的落地与实效。要制定明确的合作目标和计划，建立合作项目的跟踪评估机制，及时发现问题并进行调整和优化。同时，加强合作各方的沟通协调，形成合力，共同推动乡村文化的发展。此外，还要注重合作成果的推广和应用，让合作成果真正惠及乡村居民，推动乡村文化的全面振兴。

综上所述，建立乡村文化网络合作与交流机制是乡村文化振兴实践创新的重要支撑。通过构建多元合作主体、推动跨地域合作、加强国际交流与合作以及完善合作与交流机制等方面的努力，我们可以形成强大的合力，推动乡村文化的繁荣发展。在未来的实践中，我们应继续加强乡村文化网络合作与交流机制的建设，为乡村文化振兴实践创新注入更多的活力和动力。

第四节 乡村文化网络的安全与管理

一、乡村文化网络安全风险识别与防范

在乡村文化振兴的实践创新过程中，乡村文化网络安全风险的识别与防范工作至关重要。确保乡村文化网络的安全稳定，不仅是保护乡村文化资源的必然要求，也是推动乡村文化持续健康发展的前提保障。

（一）加强乡村文化网络风险意识，提升防范能力

首先，我们必须深刻认识到乡村文化网络安全的重要性，加强风险意识教育。乡村文化工作者、网络管理员以及广大乡村居民都应提高网络安全意识，了解网络安全风险的存在形式和危害后果。通过举办培训班、发放宣传资料等形式，普及网络安全知识，提升乡村居民的网络安全素养，使他们能够识别和防范常见的网络安全风险。

（二）完善乡村文化网络安全制度，规范安全管理

建立健全乡村文化网络安全制度是防范风险的关键。我们要制定详细的网络安全管理规定，明确各级责任人的职责和权限，确保网络安全工作有章可循、有法可依。同时，建立网络安全监测和预警机制，及时发现和处置网络安全事件，防止风险扩大化。此外，加强网络安全设备的更新和维护，提升网络安全防护能力。

（三）强化乡村文化网络内容监管，净化网络环境

乡村文化网络内容的安全是网络安全的重要组成部分。我们要加强对乡村文化网络内容的监管力度，建立内容审核机制，严格把关发布的乡村文化信息，防止不良信息的传播。同时，鼓励和支持乡村居民积极举报网络违法行为，形成全社会共同维护网络安全的良好氛围。此外，加强与相关部门的协作配合，共同打击网络违法犯罪行为，维护乡村文化网络的健康有序发展。

（四）推动乡村文化网络技术创新，提升安全水平

技术创新是提升乡村文化网络安全水平的重要手段。我们要积极推动乡村文化网络技术创新和应用，引入先进的网络安全技术和设备，提升网络安全防护能力。同时，鼓励和支持乡村文化工作者、网络技术人员等开展网络安全技术创新研究，探索适应乡村文化特点的网络安全解决方案。通过技术创新，不断提升乡村文化网络安全水平，为乡村文化振兴实践创新提供坚实的技术保障。

乡村文化网络安全风险的识别与防范是乡村文化振兴实践创新的重要保障。通过加强风险意识教育、完善安全制度、强化内容监管以及推动技术创新等多方面的努力，我们可以有效识别和防范乡村文化网络安全风险，确保乡村文化网络的安全稳定，为乡村文化振兴实践创新提供有力的支撑和保障。在未来的实践中，我们应继续加强乡村文化网络安全工作，不断提升乡村文化网络安全水平，推动乡村文化振兴事业持续健康发展。

二、乡村文化网络内容管理与审核

在乡村文化振兴的实践创新中，乡村文化网络内容的管理与审核扮演着至关重要的角色。一个健康、积极、向上的乡村文化网络环境，不仅能够传

播正能量，推动乡村文化的繁荣发展，还能够为乡村居民提供一个交流互动、共享资源的平台。

（一）制定内容管理规范，明确审核标准

乡村文化网络内容的管理与审核首先需要制定一套明确的内容管理规范，为网络内容的发布与审核提供指导。这套规范应包含网络内容的主题、形式、风格等方面的要求，以及网络行为的准则和违规行为的处理办法。同时，要明确审核标准，确保审核工作的公正、客观和高效。通过制定内容管理规范，我们可以为乡村文化网络营造一个积极向上、健康有序的交流环境。

（二）建立内容审核机制，加强日常监管

为了确保乡村文化网络内容的合规性和质量，我们需要建立一套完善的内容审核机制。这一机制应包括对网络内容的实时监控、定期审查以及违规内容的处理等方面。通过实时监控，我们可以及时发现并处理不良信息；定期审查则能够确保网络内容的持续合规；而违规内容的处理则是维护网络环境的重要手段。同时，加强日常监管，确保审核机制的有效执行，是保障乡村文化网络内容质量的关键。

（三）提升内容质量，推动乡村文化创新

乡村文化网络内容的管理与审核不仅要关注内容的合规性，还要注重内容的质量和创新性。我们要鼓励和支持乡村居民创作具有地方特色、反映乡村生活、传递正能量的网络文化作品。同时，加强对优质内容的推广和宣传，提高乡村文化网络的影响力。通过提升内容质量，我们可以推动乡村文化的创新发展，为乡村文化振兴注入新的活力。

（四）加强用户教育，提升网络素养

乡村文化网络内容的管理与审核还需要加强用户教育，提升乡村居民的网络素养。我们要通过举办培训、发放宣传资料等形式，普及网络知识，提高乡村居民对网络内容的辨别能力和自律意识。同时，引导乡村居民积极参与网络文化建设，共同维护乡村文化网络的健康有序发展。通过加强用户教育，我们可以培养一支具有高素质、高责任感的乡村文化网络用户队伍，为乡村文化振兴实践创新提供有力的人才保障。

乡村文化网络内容管理与审核是乡村文化振兴实践创新的重要环节。通过制定内容管理规范、建立审核机制、提升内容质量以及加强用户教育等多方面的努力，我们可以营造一个健康、积极、向上的乡村文化网络环境，推动乡村文化的繁荣发展。在未来的实践中，我们应继续加强乡村文化网络内容管理与审核工作，为乡村文化振兴实践创新提供坚实的支撑和保障。

三、乡村文化网络用户行为监管与引导

在乡村文化振兴的实践创新过程中，乡村文化网络用户行为的监管与引导显得尤为重要。网络用户作为乡村文化网络空间的主体，其行为举止直接影响着乡村文化的传播效果和社会影响。因此，加强乡村文化网络用户行为的监管与引导，对于促进乡村文化健康发展、推动乡村文化振兴实践创新具有重要意义。

（一）明确用户行为规范，树立行为准则

为了有效监管和引导乡村文化网络用户行为，我们首先需要制定明确的用户行为规范，树立行为准则。这些规范应涵盖网络言论、信息发布、互动交流等各个方面，确保用户在乡村文化网络空间中的行为符合社会公德和法律法规。同时，通过广泛宣传和教育，使用户充分了解并自觉遵守这些规范，形成良好的网络行为习惯。

（二）加强用户身份认证，确保信息真实

为了保障乡村文化网络空间的真实性和可信度，我们需要加强用户身份认证工作。通过实施实名制注册、验证用户身份信息等措施，确保网络用户的真实身份和信息可靠性。这有助于减少虚假信息的传播，提高乡村文化网络信息的准确性和权威性。

（三）建立用户行为监管机制，及时处置违规行为

为了及时发现和处理乡村文化网络用户违规行为，我们需要建立一套完善的用户行为监管机制。这包括设立专门的监管团队，负责监控网络用户行为，及时发现并处理违规行为；同时，建立用户举报制度，鼓励用户积极举报违规行为，形成全社会共同监督的氛围。对于发现的违规行为，我们应采

取相应的处罚措施,如警告、封禁账号等,以维护乡村文化网络空间的秩序和稳定。

(四)引导用户积极参与,发挥主体作用

乡村文化网络用户不仅是信息的接受者,更是文化的传播者和创造者。因此,在监管用户行为的同时,我们还应积极引导他们积极参与乡村文化网络空间的建设和发展。通过举办线上文化活动、开展网络文化创作等方式,激发用户的参与热情和创新精神,使他们在乡村文化振兴实践创新中发挥主体作用。

(五)加强宣传教育,提高用户网络素养

提升乡村文化网络用户的网络素养是监管与引导工作的重要一环。我们应通过举办网络素养培训班、发放宣传资料等多种形式,加强对用户的网络素养教育。帮助用户了解网络空间的规则和特点,提高他们辨别信息真伪、抵制不良信息的能力,使他们能够成为乡村文化网络空间的积极建设者和维护者。

乡村文化网络用户行为监管与引导是乡村文化振兴实践创新的重要保障。通过明确用户行为规范、加强身份认证、建立监管机制、引导用户积极参与以及加强宣传教育等多方面的努力,我们可以有效监管和引导乡村文化网络用户行为,为乡村文化振兴实践创新提供有力的支撑和保障。在未来的实践中,我们应继续加强乡村文化网络用户行为监管与引导工作,推动乡村文化网络空间健康发展,为乡村文化振兴贡献力量。

四、乡村文化网络应急预案制定与实施

在乡村文化振兴的实践创新中,乡村文化网络应急预案的制定与实施显得尤为重要。一个完善的应急预案能够在网络突发事件发生时迅速做出反应,有效减轻损失,确保乡村文化网络的安全稳定运行。

(一)明确应急预案制定目标,确保针对性与实用性

制定乡村文化网络应急预案的首要任务是明确制定目标。我们要根据乡村文化网络的特点和可能面临的风险,确定应急预案的针对性和实用性。目

标要明确、具体，既要考虑到网络安全的整体要求，又要结合乡村文化振兴的实践创新需求，确保预案能够在实际应用中发挥最大效用。

（二）深入分析网络风险，制定科学合理的应对措施

在制定应急预案之前，我们需要对乡村文化网络可能面临的风险进行深入分析。这包括网络安全威胁、信息泄露、网络故障等各种可能出现的问题。通过分析风险类型和特点，我们可以制定出科学合理的应对措施，为应急预案的制定提供有力支撑。

（三）建立应急响应机制，确保快速有效处置突发事件

应急响应机制是应急预案的核心内容之一。我们要建立快速响应、高效处置的应急响应机制，确保在突发事件发生时能够迅速作出反应。这包括建立应急指挥体系、明确各部门职责、制定详细的应急处置流程等。通过完善的应急响应机制，我们可以最大限度地减轻突发事件对乡村文化网络的影响。

（四）加强应急演练与培训，提升应急处置能力

应急预案的制定只是第一步，更重要的是在实际应用中不断完善和提升。因此，我们需要加强应急演练与培训工作，提升乡村文化网络应急处置能力。通过模拟真实场景进行演练，我们可以检验预案的可行性和有效性，发现存在的问题和不足，及时进行改进。同时，通过培训提高乡村文化网络工作人员的安全意识和应急处置能力，确保在突发事件发生时能够迅速、准确地采取行动。

（五）完善应急预案评估与修订机制，保持预案的时效性与适应性

随着乡村文化网络的发展和外部环境的变化，应急预案也需要不断修订和完善。因此，我们需要建立应急预案评估与修订机制，定期对预案进行评估和修订。通过评估预案的执行情况和效果，我们可以发现存在的问题和不足，及时进行改进。同时，根据乡村文化振兴实践创新的需求和外部环境的变化，对预案进行必要的修订和更新，保持预案的时效性和适应性。

乡村文化网络应急预案的制定与实施是乡村文化振兴实践创新的坚实保障。通过明确制定目标、深入分析风险、建立应急响应机制、加强应急演练

与培训以及完善预案评估与修订机制等多方面的努力，我们可以确保乡村文化网络在面临突发事件时能够迅速做出反应，有效减轻损失，为乡村文化振兴实践创新提供有力的支撑和保障。

五、乡村文化网络法规政策完善与执行

乡村文化网络法规政策的完善与执行，对于乡村文化振兴实践创新具有举足轻重的意义。完善的法规政策能够规范乡村文化网络的发展，保障乡村文化的健康传播，为乡村文化振兴提供坚实的法制保障。

（一）明确法规政策制定原则，确保科学性与前瞻性

在制定乡村文化网络法规政策时，应明确制定原则，确保法规政策的科学性与前瞻性。我们要坚持以人民为中心的发展思想，注重保护乡村文化的多样性和创新性，同时兼顾网络空间的开放性和安全性。在制定过程中，应充分调研乡村文化网络的实际情况，结合乡村文化振兴的需求，制定出既符合实际又具有前瞻性的法规政策。

（二）加强法规政策体系建设，形成完整规范体系

为了保障乡村文化网络的健康发展，我们需要加强法规政策体系的建设。这包括制定乡村文化网络发展的总体规划、出台相关管理办法和指导意见等。同时，还要加强与现有法律法规的衔接和协调，形成完整、统一的规范体系。通过完善法规政策体系，我们可以为乡村文化网络的发展提供全面的法制保障。

（三）强化法规政策执行力度，确保落地生根

制定好的法规政策只有得到严格执行，才能发挥其应有的作用。因此，我们需要强化法规政策的执行力度，确保各项政策能够落地生根。这包括加强执法队伍建设，提高执法人员的素质和能力；建立健全执法监督机制，确保执法活动的公正、透明；加大对违法行为的查处力度，形成有效的震慑效应。

（四）加强法规政策宣传教育，提高社会认知度

为了让乡村文化网络法规政策更好地发挥作用，我们需要加强法规政策的宣传教育工作。通过举办培训班、发放宣传资料、开展网络宣传等多种形

式,普及法规政策知识,提高乡村居民对网络法规政策的认知度和遵守意识。同时,还要加强与社会各界的沟通与合作,形成全社会共同关注、支持和参与乡村文化网络法规政策建设的良好氛围。

(五)建立法规政策评估与反馈机制,不断优化完善

法规政策的制定和执行是一个不断完善的过程。我们需要建立法规政策评估与反馈机制,定期对法规政策的执行情况进行评估和总结,发现问题和不足及时进行改进。同时,还要广泛听取乡村居民和社会各界的意见和建议,了解他们的需求和关切,不断优化完善法规政策,使其更加符合乡村文化振兴实践创新的需要。

乡村文化网络法规政策的完善与执行是乡村文化振兴实践创新的法制保障。通过明确制定原则、加强体系建设、强化执行力度、加强宣传教育和建立评估反馈机制等多方面的努力,我们可以为乡村文化网络的发展提供有力的法制保障,推动乡村文化振兴实践创新的深入开展。

第六章 乡村文化振兴的社会参与

第一节 政府在乡村文化振兴中的角色与责任

一、政策制定与引导

在乡村文化振兴的实践创新中，政策制定与引导发挥着至关重要的作用。它不仅是推动乡村文化发展的外在动力，更是引领乡村文化走向繁荣的重要保障。

（一）明确政策导向，引领乡村文化发展方向

政策制定者需深入调研乡村文化现状，明确乡村文化发展的短板与优势，从而制定出符合乡村实际、具有前瞻性的政策导向。这些政策导向应涵盖文化传承、文化创新、文化产业等多个方面，为乡村文化发展提供清晰的方向指引。通过政策引导，我们可以激发乡村文化的内生动力，推动乡村文化走向多元化、特色化的发展道路。

（二）加大政策扶持，激发乡村文化创新活力

政策的扶持是乡村文化振兴实践创新的重要保障。政府应加大对乡村文化产业的投入，通过财政补贴、税收优惠等措施，降低乡村文化企业的经营成本，提高其市场竞争力。同时，政府还应设立乡村文化创新基金，鼓励和支持乡村文化工作者进行文化创新，推动乡村文化产品的多样化、精品化。这些政策的实施，将有效激发乡村文化的创新活力，为乡村文化振兴注入新的动力。

（三）优化政策环境，构建乡村文化发展新格局

优化政策环境是推动乡村文化振兴实践创新的关键。政府应简化审批流程，降低市场准入门槛，为乡村文化企业和个人提供更多的发展机会。同时，政府还应加强知识产权保护，打击侵权盗版行为，保护乡村文化工作者的合法权益。此外，政府还应加强与乡村基层组织的合作，共同推动乡村文化设施的建设和完善，为乡村文化发展提供坚实的物质基础。通过这些措施，我们可以构建出一个更加开放、包容、有序的乡村文化发展新格局。

（四）强化政策宣传，提升乡村文化社会影响力

政策宣传是提升乡村文化社会影响力的重要手段。政府应充分利用各种媒体渠道，广泛宣传乡村文化政策，让更多的人了解、关注和支持乡村文化发展。同时，政府还应组织举办乡村文化节、文化展览等活动，展示乡村文化的独特魅力，吸引更多的游客和投资者前来参观和投资。通过这些宣传和推广活动，我们可以提升乡村文化的知名度和美誉度，增强乡村文化的社会影响力，为乡村文化振兴实践创新营造良好的社会氛围。

政策制定与引导在乡村文化振兴实践创新中发挥着举足轻重的作用。通过明确政策导向、加大政策扶持、优化政策环境以及强化政策宣传等多方面的努力，我们可以为乡村文化振兴实践创新提供有力的政策保障和支持，推动乡村文化走向更加繁荣、更加美好的未来。

二、资金扶持与投入

在乡村文化振兴的实践创新过程中，资金扶持与投入是不可或缺的关键环节。它不仅能够为乡村文化项目提供必要的资金支持，还能够推动乡村文化产业的快速发展，进一步激发乡村文化的内在动力。

（一）设立专项资金，精准扶持乡村文化项目

政府应设立专项资金，用于扶持乡村文化项目的发展。这些资金应根据乡村文化的特色和需求进行精准投放，确保每一分钱都花在刀刃上。同时，还要建立严格的资金监管机制，确保资金使用的透明度和有效性。通过专项资金的扶持，我们可以为乡村文化项目提供稳定的资金来源，推动其快速发展。

（二）引导社会资本投入，形成多元化融资格局

除了政府资金外，还应积极引导社会资本投入乡村文化振兴。政府可以通过出台相关政策，为社会资本进入乡村文化领域提供便利条件。同时，还可以鼓励金融机构加大对乡村文化产业的信贷支持力度，降低融资成本。此外，还可以通过众筹、募捐等方式，吸引更多社会资金参与乡村文化项目的建设。这些措施将形成多元化的融资格局，为乡村文化振兴提供充足的资金支持。

（三）加强基础设施建设，提升乡村文化服务能力

资金扶持与投入还应注重加强乡村文化基础设施建设。这包括建设乡村图书馆、文化广场、博物馆等公共设施，以及改善乡村文化活动的硬件设施。这些基础设施的建设将提升乡村文化的服务能力，为乡村居民提供更多元化、更高质量的文化产品和服务。同时，这些设施也能够成为乡村文化活动的载体，吸引更多游客前来参观和旅游，进一步推动乡村文化产业的发展。

（四）支持人才培养和引进，增强乡村文化创新力

资金扶持与投入还应关注乡村文化人才的培养和引进。政府可以设立人才培养基金，用于支持乡村文化工作者的培训和学习。同时，还可以出台相关政策，吸引更多高素质的文化人才到乡村工作。这些人才将为乡村文化振兴注入新的活力和创新力，推动乡村文化产业的快速发展。

（五）建立长效机制，保障资金扶持与投入的可持续性

为了确保资金扶持与投入的可持续性，应建立长效机制。政府应制定长期规划，明确乡村文化振兴的目标和任务，并根据实际情况调整资金扶持政策和投入方向。同时，还应加强资金使用的监管和评估，确保资金使用的效益和合规性。此外，还应鼓励社会各界积极参与乡村文化振兴事业，形成政府主导、社会参与的多元共治格局。

资金扶持与投入是乡村文化振兴实践创新的强力引擎。通过设立专项资金、引导社会资本投入、加强基础设施建设、支持人才培养和引进以及建立长效机制等多方面的努力，我们可以为乡村文化振兴提供充足的资金支持和发展动力，推动乡村文化走向更加繁荣的未来。

三、基础设施建设与管理

在乡村文化振兴的实践创新中，基础设施建设与管理扮演着至关重要的角色。它不仅关乎乡村文化活动的顺利开展，更是推动乡村文化走向繁荣的重要支撑。

（一）加强文化设施建设，满足乡村居民文化需求

文化设施是乡村文化活动开展的基础。政府应加大投入力度，加强乡村图书馆、文化广场、文化活动中心等文化设施的建设。这些设施不仅能够为乡村居民提供阅读、娱乐、交流等多样化的文化服务，还能够成为乡村文化活动的重要载体，推动乡村文化的传播与交流。同时，文化设施的建设还能够提升乡村的整体形象，吸引更多游客前来参观和旅游，进一步推动乡村经济的发展。

（二）完善文化设施管理，确保其高效运行

文化设施的管理同样重要。政府应建立健全文化设施管理制度，明确设施的使用、维护、保养等各方面的要求。同时，还应加强对文化设施管理人员的培训和教育，提高其专业素养和管理能力。通过完善的管理措施，我们可以确保文化设施的高效运行，为乡村居民提供更加优质的文化服务。

（三）注重文化设施与乡村环境的融合，提升乡村文化品位

在基础设施建设过程中，应注重文化设施与乡村环境的融合。我们要根据乡村的自然风貌和人文特色，合理规划和布局文化设施，使其与乡村环境相协调、相融合。同时，还可以通过文化设施的设计和装饰，展现乡村文化的独特魅力，提升乡村的文化品位和形象。

（四）推动数字化基础设施建设，拓展乡村文化发展空间

随着信息技术的快速发展，数字化基础设施在乡村文化振兴中的作用日益凸显。政府应积极推动乡村数字化基础设施的建设，包括宽带网络、数字电视、智能终端等设备的普及和应用。这些数字化设施能够为乡村居民提供更加便捷、高效的文化服务，同时也能够拓展乡村文化的发展空间，推动乡村文化与现代文明的深度融合。

（五）建立长效管理机制，保障基础设施的可持续发展

为了确保基础设施的可持续发展，应建立长效管理机制。政府应制定相关政策和法规，明确基础设施的维护、更新、升级等方面的要求。同时，还应加强与社会各界的合作，引导社会资本参与基础设施的建设和管理。此外，还应建立定期评估和反馈机制，及时发现问题和不足并进行改进。通过这些措施的实施，我们可以确保基础设施的可持续发展，为乡村文化振兴提供坚实的物质基础。

基础设施建设与管理是乡村文化振兴实践创新的坚实基础。通过加强文化设施建设、完善设施管理、注重设施与环境的融合、推动数字化基础设施建设以及建立长效管理机制等多方面的努力，我们可以为乡村文化振兴提供有力的物质保障和支持，推动乡村文化走向更加繁荣、更加美好的未来。

四、文化市场规范与监管

在乡村文化振兴的实践创新中，文化市场的规范与监管扮演着举足轻重的角色。一个健康、有序的文化市场不仅能够为乡村文化的发展提供有力保障，还能够激发乡村文化的创新活力，推动乡村文化产业的繁荣发展。

（一）制定完善的市场准入机制，确保市场主体的合法性

为确保乡村文化市场的健康发展，首先需要制定完善的市场准入机制。这包括明确市场主体的资格条件、注册程序以及经营范围等，确保所有进入市场的主体都具备合法性和合规性。通过严格的市场准入管理，可以有效杜绝非法经营和不良竞争行为，为乡村文化市场的公平竞争奠定坚实基础。

（二）加强市场监管力度，维护市场秩序

在乡村文化市场运行过程中，加强市场监管力度至关重要。政府应建立健全市场监管体系，通过定期巡查、随机抽查等方式，对市场主体的经营行为进行有效监督。同时，还应加大对违法违规行为的查处力度，依法依规进行处罚，形成有效的市场震慑力。此外，还应建立投诉举报机制，鼓励社会公众积极参与市场监管，共同维护市场秩序。

（三）建立文化产品审核制度，保障文化安全

文化产品是乡村文化市场的重要组成部分，其质量和安全直接关系到乡村文化的健康发展。因此，建立文化产品审核制度显得尤为重要。政府应设立专门机构，对进入市场的文化产品进行严格审核，确保其内容健康、合法、合规。对于涉及敏感内容或存在安全隐患的文化产品，应予以退回或整改，确保乡村文化市场的安全稳定。

（四）推动行业自律机制建设，提升行业形象

行业自律是乡村文化市场规范与监管的重要补充。政府应引导乡村文化企业加强自律意识，推动行业自律机制建设。通过制定行业规范、建立自律组织、开展行业交流等方式，提升乡村文化企业的整体形象和竞争力。同时，还应鼓励企业积极参与社会公益事业，履行社会责任，树立良好的企业形象。

（五）加强法律法规建设，为市场监管提供有力支撑

法律法规是乡村文化市场规范与监管的重要依据。政府应加强对乡村文化市场的法律法规建设，完善相关法律法规体系。通过制定更加明确、具体的法律条款，为市场监管提供有力支撑。同时，还应加大对违法违规行为的法律惩处力度，提高违法成本，降低违法风险。此外，还应加强法律法规的宣传普及工作，提高乡村文化市场主体的法律意识和守法意识。

文化市场规范与监管是乡村文化振兴实践创新的必要保障。通过制定完善的市场准入机制、加强市场监管力度、建立文化产品审核制度、推动行业自律机制建设以及加强法律法规建设等多方面的努力，我们可以为乡村文化市场创造一个健康、有序的发展环境，推动乡村文化振兴实践创新的深入开展。

五、文化遗产保护与传承

文化遗产是乡村文化的重要组成部分，承载着丰富的历史信息和文化记忆。在乡村文化振兴的实践创新中，文化遗产的保护与传承具有举足轻重的地位。

（一）深入挖掘乡村文化遗产，展现独特魅力

乡村文化遗产是乡村文化发展的根基，蕴含着丰富的历史和文化内涵。要深入挖掘乡村文化遗产，通过考古发掘、文献整理等方式，揭示乡村文化的独特魅力和价值。同时，要加强对乡村文化遗产的宣传和推广，让更多人了解、认识和欣赏乡村文化的魅力。

（二）加强文化遗产保护力度，维护历史原貌

保护文化遗产是乡村文化振兴的首要任务。政府应加大投入力度，完善保护设施，加强对乡村文化遗产的日常维护和保养。同时，要建立健全文化遗产保护制度，明确保护责任和义务，确保乡村文化遗产得到有效保护。此外，还应加强对非法破坏文化遗产行为的打击力度，维护乡村文化的历史原貌。

（三）传承乡村文化遗产，弘扬传统文化精神

传承是文化遗产保护的延续，也是乡村文化振兴的关键。要通过开展教育培训、举办文化活动等方式，加强对乡村文化遗产的传承力度。同时，要鼓励和支持乡村居民积极参与文化遗产的传承活动，让传统文化精神在乡村得以延续和发扬。

（四）创新文化遗产传承方式，增强传承活力

传统的文化遗产传承方式可能难以适应现代社会的快速发展。因此，需要创新文化遗产传承方式，增强其传承活力。例如，可以利用现代科技手段，如数字化技术、虚拟现实技术等，对乡村文化遗产进行数字化保护和展示，让更多人能够便捷地了解和体验乡村文化。同时，还可以通过与旅游、教育等产业的结合，打造具有乡村文化特色的旅游产品和文化课程，让文化遗产传承与现代社会相融合。

（五）加强文化遗产保护意识教育，提高保护自觉性

文化遗产保护意识教育是乡村文化振兴的重要一环。要通过开展宣传教育活动、举办文化遗产保护知识讲座等方式，提高乡村居民对文化遗产保护的认识和重视程度。同时，要引导乡村居民树立正确的文化价值观，增强他们对文化遗产保护的自觉性和主动性。

（六）促进文化遗产保护与经济社会发展的良性互动

文化遗产保护与经济社会发展并不矛盾，而是可以相互促进的。在乡村文化振兴的过程中，要积极探索文化遗产保护与经济社会发展的良性互动模式。例如，可以将文化遗产保护与乡村旅游开发相结合，通过发展乡村旅游产业，带动乡村经济的发展，同时为文化遗产保护提供资金支持。此外，还可以通过文化遗产的创意开发，打造具有乡村特色的文化产品，推动乡村文化产业的发展。

文化遗产保护与传承是乡村文化振兴实践创新的深厚根基。通过深入挖掘乡村文化遗产、加强保护力度、传承传统文化精神、创新传承方式、加强保护意识教育以及促进与经济社会发展的良性互动等多方面的努力，我们可以为乡村文化振兴提供强大的文化支撑和精神动力。

第二节　企业在乡村文化振兴中的角色与贡献

一、文化产品开发与创新

在乡村文化振兴的实践创新中，文化产品的开发与创新扮演着举足轻重的角色。它不仅能够丰富乡村文化的内涵，提升乡村文化的品质，还能够为乡村经济的发展注入新的活力。

（一）挖掘乡村文化资源，打造特色文化产品

乡村文化资源丰富多样，包括传统手工艺、民间故事、地方戏曲、节庆活动等。要深入挖掘这些文化资源，提炼出具有乡村特色的文化元素，并将其融入到文化产品的开发中。例如，可以开发以乡村传统手工艺为基础的手工艺品，或者将民间故事改编成适合现代人阅读的文学作品。通过打造具有乡村特色的文化产品，不仅能够满足人们对乡村文化的需求，还能够提升乡村文化的知名度和影响力。

同时，在挖掘乡村文化资源的过程中，应注重文化价值的传承与弘扬。通过深入研究和理解乡村文化的历史渊源和文化内涵，将其融入到文化产品

的开发中，使文化产品成为传承乡村文化的重要载体。

（二）创新文化产品形式，提升市场竞争力

随着时代的发展，人们对文化产品的需求也在不断变化。因此，在文化产品的开发中，应注重创新产品形式，以满足现代人的审美需求。例如，可以利用现代科技手段对传统文化产品进行改造升级，使其更具现代感和科技感。同时，还可以将传统文化元素与现代设计理念相结合，创造出具有独特魅力的文化产品。

此外，在创新文化产品形式的过程中，还应注重市场调研和用户需求分析。通过了解消费者的喜好和需求，针对性地开发符合市场需求的文化产品，提升产品的市场竞争力。

（三）加强文化产品品牌建设，提升附加值

品牌是文化产品的重要标识，也是提升产品附加值的关键。因此，在文化产品的开发中，应注重品牌建设。首先，要确定清晰的品牌定位和目标市场，明确产品的特色和优势。其次，要注重品牌形象的塑造和传播，通过包装设计、广告宣传等方式提升品牌的知名度和美誉度。同时，还应加强品牌管理和维护，确保产品质量和服务质量符合品牌形象要求。

通过加强文化产品品牌建设，不仅可以提升产品的附加值和市场竞争力，还能够为乡村经济的发展注入新的动力。品牌化的文化产品能够吸引更多消费者关注和购买，进而推动乡村文化产业的快速发展。

（四）促进文化产品与旅游产业的融合发展

旅游业是乡村经济的重要支柱之一，也是推广乡村文化的重要途径。因此，在文化产品的开发中，应注重与旅游产业的融合发展。可以通过开发具有乡村特色的文化旅游产品，吸引游客前来体验和感受乡村文化的魅力。例如，可以开发乡村文化体验游、乡村民俗节庆游等旅游产品，让游客在参与和体验中深入了解乡村文化。

同时，还可以将文化产品与乡村旅游服务相结合，提升旅游服务的文化内涵和品质。例如，可以在旅游景区设立文化产品展示区或文化体验馆，让游客在游览过程中深入了解乡村文化产品，增加游客对乡村文化的认识和兴趣。

通过促进文化产品与旅游产业的融合发展，不仅可以推动乡村文化产业的快速发展，还能够为乡村经济注入新的活力，实现文化与经济的双赢。

文化产品开发与创新是乡村文化振兴实践创新的重要驱动力。通过挖掘乡村文化资源、创新文化产品形式、加强品牌建设以及促进与旅游产业的融合发展等多方面的努力，我们可以打造出具有乡村特色的文化产品，提升乡村文化的品质和市场竞争力，为乡村文化振兴注入新的活力。同时，这些举措还能够推动乡村经济的发展，实现乡村文化与经济的共同繁荣。

二、文化品牌打造与推广

在乡村文化振兴的实践创新中，文化品牌的打造与推广是提升乡村文化影响力、推动文化产业发展的关键举措。通过精心打造具有乡村特色的文化品牌，并有效地进行推广，不仅能够增强乡村文化的市场竞争力，还能够为乡村经济的持续发展注入新的活力。

（一）明确品牌定位，凸显乡村特色

文化品牌的打造首先需要明确品牌定位，即确定品牌的核心价值和特色。乡村文化品牌应凸显乡村的独特性和特色，展现乡村文化的魅力。在品牌定位过程中，要深入挖掘乡村的文化资源，提炼出具有代表性的文化元素，将其作为品牌的核心价值进行传播。同时，品牌定位还需要考虑市场需求和消费者心理，确保品牌能够吸引目标受众的关注和喜爱。

（二）创新品牌设计，提升品牌形象

品牌设计是文化品牌打造的重要组成部分，它直接影响到消费者对品牌的认知和印象。在品牌设计过程中，要注重创新，结合乡村文化的特点，设计出具有独特性和辨识度的品牌标识、宣传语和视觉形象。同时，品牌设计还需要注重与消费者的情感共鸣，通过设计富有情感色彩的文化符号和故事，激发消费者的共鸣和认同感。

（三）丰富品牌内涵，增强文化底蕴

文化品牌的生命力在于其深厚的文化底蕴。因此，在打造乡村文化品牌的过程中，要注重丰富品牌内涵，提升品牌的文化价值。可以通过挖掘乡村

的历史文化、传统习俗、民间艺术等资源，将其融入品牌故事中，使品牌具有更深厚的文化底蕴。同时，还可以通过举办文化活动、开展文化交流等方式，增强品牌与消费者的互动和联系，让消费者对品牌产生更深的情感认同。

（四）多元化推广渠道，扩大品牌影响

推广是文化品牌打造的重要环节，它决定了品牌能否被更多人所知晓和接受。在推广乡村文化品牌的过程中，应采用多元化的推广渠道，以覆盖更广泛的受众群体。可以通过传统媒体如电视、广播、报纸等进行广告宣传，也可以通过新媒体如社交媒体、短视频平台等进行线上推广。此外，还可以结合乡村旅游、文化节庆等活动，进行现场推广和互动体验，让消费者更直观地感受乡村文化的魅力。

（五）建立品牌合作机制，实现共赢发展

品牌合作是推广乡村文化品牌的有效途径之一。通过建立品牌合作机制，可以与相关产业、机构或企业建立合作关系，共同推广乡村文化品牌。例如，可以与旅游企业合作，将乡村文化品牌融入旅游产品中，吸引更多游客前来体验；也可以与教育机构合作，开展乡村文化教育活动，培养更多对乡村文化感兴趣的青少年。通过品牌合作，不仅可以实现资源共享和互利共赢，还能够为乡村文化品牌的发展注入更多活力和动力。

文化品牌打造与推广是乡村文化振兴实践创新的关键举措。通过明确品牌定位、创新品牌设计、丰富品牌内涵、多元化推广渠道以及建立品牌合作机制等多方面的努力，我们可以打造出具有乡村特色的文化品牌，并有效地进行推广。这不仅能够提升乡村文化的市场竞争力和影响力，还能够为乡村经济的发展注入新的活力，推动乡村文化振兴的深入发展。同时，文化品牌的打造与推广还能够增强乡村居民的文化自信和归属感，促进乡村社会的和谐稳定与持续发展。

三、文化资源开发与利用

在乡村文化振兴的实践创新中，文化资源的开发与利用扮演着至关重要的角色。通过深入挖掘和有效利用乡村丰富的文化资源，我们不仅能够丰富乡村文化的内涵，还能够为乡村经济和社会的发展提供有力的支撑。

（一）系统梳理乡村文化资源，挖掘潜在价值

乡村文化资源的开发与利用首先要建立在全面系统梳理的基础之上。我们需要对乡村的文化资源进行全面的调查和评估，包括物质文化遗产、非物质文化遗产、自然景观、民俗风情等各个方面。通过梳理，我们可以清晰地了解乡村文化资源的种类、数量、分布以及价值，为后续的开发与利用提供科学的依据。

在梳理的过程中，我们还应注重挖掘乡村文化资源的潜在价值。有些乡村文化资源可能并不显眼，但蕴含着深厚的文化内涵和独特的价值。通过深入研究和探索，我们可以发现这些资源的独特魅力，并将其转化为具有市场竞争力的文化产品。

（二）创新文化资源开发模式，促进产业融合

文化资源的开发需要创新模式，以更好地适应市场需求和推动产业发展。我们可以结合乡村文化资源的特色，开发出具有地域性和独特性的文化产品，如手工艺品、地方特色食品、文化创意产品等。同时，我们还应注重文化资源的多元化利用，通过与其他产业的融合，形成文化产业与农业、旅游业等产业的联动发展。

例如，我们可以将乡村文化资源与旅游业相结合，打造具有乡村特色的文化旅游线路和文化体验项目，吸引游客前来游览和体验。此外，我们还可以利用现代科技手段，如互联网、大数据等，推动乡村文化资源的数字化开发和利用，为乡村文化产业的创新发展提供新的动力。

（三）加强文化资源保护，实现可持续发展

在文化资源开发与利用的过程中，我们必须始终坚持保护优先的原则，确保文化资源的可持续利用。我们要加强对乡村文化资源的保护力度，建立健全保护机制，防止文化资源的过度开发和滥用。同时，我们还要加强对文化遗产的保护和传承工作，通过传承人和传承活动的扶持，确保乡村文化的传承和发展。

此外，我们还应注重文化资源的生态保护和可持续发展。在开发过程中，要充分考虑生态环境的保护和修复，避免对自然环境造成破坏。同时，我们还要通过推广环保理念和技术手段，推动乡村文化产业向绿色、低碳的方向发展。

(四)引导社会力量参与，形成共建共享格局

文化资源的开发与利用需要广泛的社会参与和支持。我们要积极引导和鼓励社会力量参与乡村文化资源的开发与利用工作，形成政府、企业、社会组织和个人共同参与、共建共享的格局。

政府可以加大政策扶持力度，为文化资源开发与利用提供有力的制度保障和资金支持。企业应发挥市场主体的作用，积极投入乡村文化产业的发展和创新。社会组织和个人可以通过捐赠、志愿服务等方式参与文化资源的保护和传承工作。同时，我们还应加强文化资源的宣传和推广工作，提高公众对乡村文化资源的认识和关注度，形成全社会共同关注和参与乡村文化振兴的良好氛围。

文化资源开发与利用是乡村文化振兴实践创新的重要路径。通过系统梳理乡村文化资源、创新开发模式、加强保护和引导社会力量参与等多方面的努力，我们可以有效地开发和利用乡村文化资源，推动乡村文化的繁荣发展，为乡村经济社会的可持续发展注入新的活力。同时，这些举措还能够增强乡村居民的文化自信和归属感，促进乡村社会的和谐稳定与持续进步。

四、文化产业发展与带动

在乡村文化振兴的实践创新中，文化产业的发展与带动作用日益凸显。通过发展壮大文化产业，不仅能够促进乡村文化的传承与创新，还能够为乡村经济注入新的活力，推动乡村社会的全面发展。

(一)优化文化产业布局，促进产业集聚发展

文化产业的布局对于其发展具有重要影响。在乡村地区，我们需要根据资源禀赋、市场需求和发展潜力，科学规划文化产业的发展布局。通过优化产业布局，引导文化产业向资源富集区、市场需求旺盛区集聚，形成具有地域特色的文化产业集群。

同时，我们还要加强文化产业园区和基地建设，为文化企业提供良好的发展环境。通过建设文化产业园区，集聚一批优秀的文化企业和项目，形成产业集聚效应，提升文化产业的整体竞争力。此外，还可以依托乡村地区的自然景观和人文资源，打造一批具有乡村特色的文化旅游景区，吸引游客前

来观光游览，带动乡村文化产业的快速发展。

（二）培育文化市场主体，激发产业发展活力

文化产业的发展离不开市场主体的积极参与。在乡村地区，我们需要积极培育文化市场主体，包括文化企业、文化机构和文化创意人才等。通过政策扶持和市场引导，鼓励更多的社会资本投入文化产业，推动文化企业的创新发展。

同时，我们还要加强文化创意人才的培养和引进。通过举办文化创意大赛、设立文化创意基金等方式，吸引和培养一批具有创新精神和创意能力的文化人才，为文化产业的创新发展提供有力的人才支撑。这些文化市场主体将在市场中发挥重要作用，推动文化产业的不断创新和发展。

（三）推动文化产业创新，提升产业附加值

创新是文化产业发展的核心动力。在乡村地区，我们需要积极推动文化产业的创新发展，提升产业的附加值和市场竞争力。

首先，要鼓励文化企业加强技术研发和产品设计，推出更多具有创意和特色的文化产品。通过深入挖掘乡村文化的内涵和特色，将传统文化元素与现代设计理念相结合，创造出独具特色的文化产品，满足消费者的多元化需求。

其次，要加强文化产业与其他产业的融合发展。通过与农业、旅游业等相关产业的深度融合，开发出更多具有乡村特色的文化旅游产品和文化体验项目。这样不仅能够丰富文化产业的内涵和外延，还能够为乡村经济注入新的活力，推动乡村产业的转型升级。

此外，还要注重文化产业的品牌建设和市场推广。通过打造具有影响力的文化品牌，提升乡村文化产业的知名度和美誉度。同时，利用现代营销手段和新媒体平台，加强文化产品的宣传和推广，扩大市场份额，提升产业效益。

通过优化文化产业布局、培育文化市场主体以及推动文化产业创新等多方面的努力，我们可以促进乡村文化产业的发展与带动作用的充分发挥。这不仅有助于推动乡村文化的传承与创新，还能够为乡村经济的发展注入新的动力，实现文化振兴与经济发展的双赢局面。

在文化产业的发展与带动下，乡村地区的文化资源将得到更有效的利用

和转化，文化产业将成为乡村经济的重要增长点。同时，文化产业的发展还将带动相关产业的发展，形成产业链条的延伸和拓展，为乡村地区的就业和创业提供更多机会。

文化产业的发展与带动是乡村文化振兴实践创新的重要驱动力。通过优化文化产业布局、培育文化市场主体以及推动文化产业创新等举措，我们可以充分发挥文化产业在乡村文化振兴中的作用，推动乡村文化的繁荣发展，为乡村社会的全面进步贡献力量。

五、公益文化活动支持与参与

在乡村文化振兴的实践创新中，公益文化活动的支持与参与扮演着不可或缺的角色。通过广泛开展公益文化活动，我们不仅能够丰富乡村居民的精神文化生活，还能够增强乡村文化的凝聚力和影响力，为乡村文化振兴注入新的活力。

（一）加强政府引导，推动公益文化活动常态化

政府在公益文化活动中发挥着重要的引导作用。政府应加大对乡村公益文化活动的支持力度，制定相关政策措施，推动公益文化活动的常态化开展。通过设立专项资金、提供场地设施等方式，为乡村公益文化活动提供必要的保障和支持。同时，政府还应加强对公益文化活动的组织和管理，确保活动的质量和效果。

在推动公益文化活动常态化的过程中，政府应注重与当地文化资源和需求的结合。根据不同乡村地区的文化特色和发展需求，制定有针对性的公益文化活动计划，确保活动能够贴近乡村居民的实际生活，满足他们的精神文化需求。

（二）引导社会参与，形成多元化活动体系

公益文化活动的成功开展离不开社会各界的广泛参与。我们应积极引导和鼓励企业、社会组织和个人参与乡村公益文化活动，形成多元化的活动体系。通过与企业合作举办文化节庆、演出等活动，吸引更多的社会资源和资金投入乡村文化建设。同时，还可以发动社会组织和志愿者参与乡村文化活动的组织和服务工作，为乡村居民提供更多元化、更高质量的文化服务。

在引导社会参与的过程中，我们还应注重发挥乡村居民的主体作用。通过组织村民自编自演的文化节目、开展文化技能培训等方式，激发乡村居民参与文化活动的积极性和创造力，让他们在活动中感受到文化的魅力和价值。

（三）创新活动形式，提升公益文化活动吸引力

为了提升公益文化活动的吸引力，我们需要不断创新活动形式和内容。可以结合乡村地区的实际情况和居民需求，设计具有地方特色和文化内涵的活动项目。例如，可以举办乡村文化展览、非遗展示、传统戏曲演出等活动，让乡村居民亲身感受传统文化的魅力；也可以开展文化讲座、读书会等活动，提升乡村居民的文化素养和知识水平。

同时，我们还可以借助现代科技手段，创新公益文化活动的传播方式。通过利用互联网、社交媒体等新媒体平台，将公益文化活动的信息传递给更广泛的受众群体，吸引更多人关注和参与。此外，还可以利用虚拟现实、增强现实等技术手段，打造沉浸式的文化体验活动，让乡村居民在参与中感受到科技的魅力。

（四）注重活动效果评估，持续优化公益文化活动质量

为了确保公益文化活动的质量和效果，我们需要注重活动效果的评估工作。通过制定科学的评估标准和方法，对公益文化活动的组织、实施和效果进行全面评估。通过评估，我们可以了解活动的优点和不足，及时总结经验教训，为今后的活动提供改进和优化的方向。

在评估过程中，我们应注重收集乡村居民的反馈意见，了解他们对活动的满意度和需求。通过听取居民的声音，我们可以更好地把握他们的文化需求和心理特点，为未来的公益文化活动提供更加精准的服务。

公益文化活动支持与参与是乡村文化振兴实践创新的重要支撑。通过加强政府引导、引导社会参与、创新活动形式以及注重活动效果评估等多方面的努力，我们可以推动乡村公益文化活动的广泛开展和深入发展，为乡村文化振兴注入新的活力和动力。同时，这些活动还能够增强乡村居民的文化自信心和归属感，促进乡村社会的和谐稳定与繁荣发展。

第三节 社会组织在乡村文化振兴中的作用与机制

一、文化服务提供与普及

在乡村文化振兴的实践创新中,文化服务的提供与普及占据着举足轻重的地位。它不仅关乎乡村居民精神文化生活的丰富与提升,更是推动乡村文化振兴、实现乡村全面发展的重要一环。

(一)构建完善的文化服务体系,满足乡村居民多元需求

为满足乡村居民日益增长的精神文化需求,我们必须构建完善的文化服务体系。这包括建立多层次的文化设施网络,如乡村图书馆、文化活动中心、文化广场等,为乡村居民提供便捷的文化活动场所。同时,我们还要丰富文化服务内容,包括提供书籍借阅、文艺演出、电影放映、文化讲座等多种形式的文化服务,以满足不同年龄段、不同文化层次的乡村居民的需求。

在构建文化服务体系的过程中,我们还要注重文化服务的普惠性,确保每个乡村居民都能享受到基本的文化服务。通过政府投入、社会参与等多种方式,扩大文化服务的覆盖面,让文化成果惠及更多乡村居民。

(二)加强文化人才队伍建设,提升文化服务质量

文化服务的质量和水平,直接关系到乡村居民的获得感和满意度。因此,我们必须加强文化人才队伍建设,提升文化服务质量。这包括培养和引进一批具有专业素养和创新精神的文化工作者,为乡村文化服务提供有力的人才保障。同时,我们还要加强对现有文化工作者的培训和教育,提高他们的业务能力和服务水平,确保能够为乡村居民提供高质量的文化服务。

此外,我们还要鼓励和支持乡村居民参与文化服务活动,发挥他们的主体作用。通过举办文化志愿者招募活动、开展文化技能培训等方式,激发乡村居民参与文化服务的热情和积极性,形成全民参与、共建共享的文化服务格局。

（三）推动文化服务与科技融合，创新服务形式与手段

随着科技的不断发展，文化服务的形式和手段也在不断创新。我们要充分利用现代科技手段，推动文化服务与科技的深度融合，为乡村居民提供更加便捷、高效的文化服务。例如，我们可以利用互联网、大数据等技术手段，建立乡村文化服务平台，实现文化资源的数字化共享和在线服务。通过手机APP等渠道，为乡村居民提供实时的文化信息、在线预约和互动交流等服务，让文化服务更加贴近乡村居民的生活。

同时，我们还可以利用虚拟现实、增强现实等先进技术，打造沉浸式的文化体验活动，让乡村居民在享受文化服务的过程中感受到科技的魅力。这些创新的服务形式与手段，不仅能够提升乡村居民的文化体验，还能够增强他们对文化服务的认同感和满意度。

（四）强化文化服务监管与评估，确保服务质量与效益

为确保文化服务的质量与效益，我们必须强化文化服务的监管与评估工作。这包括建立健全义化服务监管机制，加强对文化服务活动的监督和管理，确保各项服务活动规范有序开展。同时，我们还要建立科学的评估体系，定期对文化服务的效果进行评估和反馈，及时发现和解决问题，推动文化服务的持续改进和优化。

在监管与评估的过程中，我们还要注重听取乡村居民的意见和建议，了解他们的需求和期望，以便更好地调整和完善文化服务内容和形式。通过强化监管与评估工作，我们能够确保文化服务的质量和效益得到有效保障，为乡村文化振兴实践创新提供坚实的支撑。

文化服务的提供与普及是乡村文化振兴实践创新的基础工程。通过构建完善的文化服务体系、加强文化人才队伍建设、推动文化服务与科技融合以及强化文化服务监管与评估等多方面的努力，我们能够为乡村居民提供更加丰富、优质的文化服务，推动乡村文化的繁荣发展，为乡村社会的全面进步贡献力量。

二、文化交流与合作平台搭建

在乡村文化振兴的实践创新中，文化交流与合作平台的搭建是推动文化资源整合、促进文化互动与创新的关键举措。通过搭建多样化、开放性的交

流与合作平台，可以有效激发乡村文化的活力，提升乡村文化的影响力和竞争力，进而推动乡村社会的全面发展。

（一）构建乡村文化交流平台，促进文化资源共享

文化交流是乡村文化振兴的重要推动力。为了促进乡村文化资源的共享与交流，我们应积极构建乡村文化交流平台。这一平台可以是一个实体空间，如乡村文化展览馆、文化交流中心等，也可以是线上平台，如乡村文化网站、社交媒体群组等。通过这些平台，乡村居民可以展示自己的文化成果，分享文化经验，同时也可以学习借鉴其他地区的优秀文化元素，实现文化资源的共享与互补。

在构建乡村文化交流平台的过程中，我们还应注重平台的开放性和包容性。要吸引不同文化背景的乡村居民积极参与，鼓励他们发表自己的观点和创意，形成多元、开放的文化交流氛围。同时，我们还要加强对平台的维护和管理，确保其正常运行和持续发展。

（二）搭建乡村文化合作平台，推动文化产业协同发展

乡村文化产业的协同发展是乡村文化振兴的重要途径。为了实现这一目标，我们应搭建乡村文化合作平台，促进不同地区、不同文化产业的合作与交流。通过合作平台，乡村文化企业可以共享市场资源、技术资源和人才资源，实现优势互补和互利共赢。同时，合作平台还可以为乡村文化企业提供政策咨询、项目对接等服务，帮助他们更好地融入市场、拓展业务。

在搭建乡村文化合作平台的过程中，我们应注重平台的针对性和实效性。要根据不同地区的文化特色和产业发展需求，制定有针对性的合作计划和项目，确保合作能够取得实效。同时，我们还要加强对合作平台的宣传和推广，吸引更多的文化企业和机构参与进来，形成更广泛的合作网络。

（三）深化乡村文化对外交流，提升乡村文化影响力

乡村文化的对外交流是提升乡村文化影响力、推动乡村文化走向世界的重要途径。通过深化乡村文化对外交流，我们可以让更多的人了解乡村文化的独特魅力和价值，增强乡村文化的自信心和自豪感。同时，对外交流还可以为乡村文化带来新的发展机遇和合作空间，推动乡村文化产业的创新发展。

为了深化乡村文化对外交流，我们应积极组织乡村文化代表团参加国内

外的文化交流活动，展示乡村文化的独特魅力。同时，我们还可以举办乡村文化节庆活动、文化展览等，吸引国内外游客前来参观体验。此外，我们还可以利用互联网等新媒体平台，开展线上文化交流活动，让更多的人了解乡村文化、关注乡村发展。

（四）完善平台运行机制，保障交流与合作的长效性

为了确保文化交流与合作平台的长效运行和持续发展，我们必须完善平台的运行机制。这包括建立健全平台的组织架构和管理制度，明确各方职责和权益，确保平台的规范运作。同时，我们还要加强对平台的资金支持和人才保障，为平台的运行提供必要的物质和智力支持。

此外，我们还应建立定期评估和反馈机制，对平台的运行效果进行定期评估和总结，及时发现和解决问题，推动平台的不断优化和完善。通过完善平台运行机制，我们可以确保文化交流与合作平台在乡村文化振兴实践创新中发挥更大的作用，为乡村文化的繁荣发展注入新的动力。

文化交流与合作平台搭建是乡村文化振兴实践创新的关键举措。通过构建乡村文化交流平台、搭建乡村文化合作平台、深化乡村文化对外交流以及完善平台运行机制等多方面的努力，我们可以有效推动乡村文化的交流与合作，激发乡村文化的活力，提升乡村文化的影响力和竞争力，为乡村社会的全面发展贡献力量。

三、文化人才培养与引进

在乡村文化振兴的实践创新中，文化人才的培养与引进是核心支撑，对于推动乡村文化的繁荣发展具有举足轻重的作用。通过培养和引进一批高素质、专业化的文化人才，可以为乡村文化振兴提供源源不断的智力支持和人才保障。

（一）明确文化人才培养目标，构建系统培养体系

针对乡村文化振兴的需求，我们应明确文化人才的培养目标，构建系统、科学的培养体系。这包括制定人才培养计划，明确培养内容、方式和周期，确保人才培养的针对性和实效性。同时，我们还要整合教育资源，建立多元化的培养渠道，如开设文化专业课程、举办文化培训班、开展实践活动等，为乡村文化人才提供全方位的学习机会。

（二）加强文化教育普及，提升乡村居民文化素养

文化教育普及是提升乡村居民文化素养、培养文化人才的基础工作。我们应通过开展文化教育活动、推广文化知识、建设文化设施等方式，提高乡村居民的文化素质和审美水平。同时，我们还要注重培养乡村居民的文化自觉和文化自信，激发他们的文化创新能力和参与文化活动的热情。

（三）实施文化人才引进计划，吸引优秀人才投身乡村文化建设

为了弥补乡村文化人才的不足，我们应积极实施文化人才引进计划，吸引更多优秀人才投身乡村文化建设。这包括制定优惠政策，如提供住房补贴、给予创业扶持等，吸引高校毕业生、文化工作者等人才到乡村工作。同时，我们还要加强与高校、文化机构等的合作，建立人才交流机制，为乡村文化振兴提供智力支持。

（四）优化人才发展环境，激发文化人才创新活力

良好的人才发展环境是激发文化人才创新活力的重要保障。我们应着力优化乡村文化人才的发展环境，包括完善人才激励机制，如设立文化人才奖励基金、举办文化成果展示活动等，表彰优秀文化人才和成果；加强人才服务保障，如提供便捷的生活服务、建立人才信息库等，为文化人才提供全方位的支持；推动文化创新氛围的形成，鼓励文化人才开展文化创新实践，为乡村文化振兴注入新的活力。

（五）建立人才评价与反馈机制，确保人才培养与引进的实效性

为了确保文化人才培养与引进的实效性，我们应建立科学的人才评价与反馈机制。这包括制定评价标准和方法，对文化人才的工作成果、创新能力等进行定期评价；建立反馈机制，及时收集乡村居民、文化机构等对文化人才的意见和建议，为人才培养与引进提供改进方向；加强人才培养与引进的跟踪管理，确保各项措施落到实处、取得实效。

文化人才培养与引进是乡村文化振兴实践创新的核心支撑。通过明确培养目标、加强文化教育普及、实施人才引进计划、优化人才发展环境以及建立评价与反馈机制等多方面的努力，我们可以培养和引进一批高素质、专业化的文化人才，为乡村文化振兴提供坚实的智力支持和人才保障。同时，这

些人才也将成为推动乡村文化创新、提升乡村文化软实力的重要力量,为乡村社会的全面发展和乡村振兴战略的实施贡献智慧和力量。

四、文化项目策划与实施

在乡村文化振兴的实践创新中,文化项目的策划与实施扮演着举足轻重的角色。这些项目不仅有助于传承和弘扬乡村文化,更能够激发乡村发展的内生动力,促进乡村社会的全面进步。

(一)精准定位项目需求,明确项目目标与方向

文化项目的策划与实施首先需要精准定位项目需求。通过深入调研乡村文化资源、乡村居民文化需求以及乡村文化发展的瓶颈问题,我们可以明确项目的目标与方向。这些目标应该既符合乡村文化振兴的总体战略,又能够切实解决乡村文化发展中的实际问题,推动乡村文化的传承与创新。

(二)创新项目策划理念,打造特色文化品牌

在项目策划过程中,我们应注重创新理念,打破传统思维模式的束缚,以全新的视角和方式呈现乡村文化。通过挖掘乡村文化的独特价值,结合现代审美需求,我们可以打造具有地方特色的文化品牌,提升乡村文化的知名度和影响力。同时,特色文化品牌的打造还能够吸引更多游客和投资者,推动乡村经济的发展。

(三)整合文化资源,构建项目实施团队

文化项目的实施需要整合各种文化资源,包括人才、资金、场地等。我们应积极寻求政府、企业、社会组织等多方合作,共同为项目提供必要的支持和保障。同时,我们还要构建一支专业化的项目实施团队,确保项目能够按照既定的目标和方向有序推进。团队成员应具备丰富的文化知识和实践经验,能够有效解决项目实施过程中遇到的各种问题。

(四)注重项目实施过程,确保项目质量与效果

项目实施过程是文化项目成功的关键。在项目实施过程中,我们应注重细节,确保每一个环节都符合预设的标准和要求。同时,我们还要加强项目监督和管理,确保项目资金的使用安全、合理,防止出现违规违纪行为。此外,

我们还要定期评估项目进展和效果，及时调整项目实施方案，确保项目能够取得预期的效果。

（五）加强项目宣传与推广，扩大项目影响力

文化项目的成功不仅在于实施过程的质量与效果，更在于项目的宣传与推广。我们应充分利用各种媒体渠道，如电视、广播、报纸、网络等，对项目进行广泛宣传。同时，我们还可以组织各种文化活动，如文艺演出、文化展览等，吸引更多人的关注和参与。通过这些宣传和推广活动，我们可以让更多的人了解乡村文化、认识乡村文化项目，从而扩大项目的影响力，推动乡村文化的传播与发展。

文化项目的策划与实施是乡村文化振兴实践创新的重要抓手。通过精准定位项目需求、创新项目策划理念、整合文化资源、注重项目实施过程以及加强项目宣传与推广等多方面的努力，我们可以打造出一批具有地方特色、富有创新性的文化项目，为乡村文化振兴注入新的活力和动力。这些项目的成功实施将有力推动乡村文化的传承与创新，促进乡村社会的全面发展和乡村振兴战略的深入实施。

五、文化资源整合与共享

在乡村文化振兴的实践创新中，文化资源整合与共享发挥着至关重要的作用。通过整合各类文化资源，实现文化资源的优化配置和高效利用，不仅可以丰富乡村文化内涵，提升乡村文化品质，还能推动乡村文化产业的发展，增强乡村文化的影响力和竞争力。

（一）全面梳理乡村文化资源，建立文化资源数据库

乡村文化资源丰富多样，包括物质文化遗产、非物质文化遗产、自然景观、民俗风情等。为了有效整合这些资源，我们首先需要全面梳理乡村文化资源，了解其分布、特点、价值等基本情况。在此基础上，建立乡村文化资源数据库，对各类文化资源进行数字化处理，实现资源的便捷查询和共享。这不仅可以为乡村文化振兴提供坚实的数据支撑，还有助于推动乡村文化的数字化发展。

（二）打破资源壁垒，实现文化资源的跨界融合

在乡村文化振兴过程中，往往存在着资源壁垒和条块分割的问题，导致

文化资源无法得到充分利用。因此，我们需要打破这些壁垒，实现文化资源的跨界融合。通过加强政府部门、文化机构、企业等各方之间的合作与交流，推动文化资源的共享与互补。同时，鼓励跨领域、跨行业的文化创新实践，将乡村文化资源与旅游、教育、科技等领域相结合，开发出具有地方特色的文化产品和服务，满足人们多样化的文化需求。

（三）优化资源配置，提升乡村文化产业发展水平

文化资源的优化配置是提升乡村文化产业发展水平的关键。我们应根据乡村文化资源的实际情况和发展需求，制定合理的资源配置方案。通过政策引导、资金扶持等措施，推动文化资源向优势产业和重点项目集聚，形成具有竞争力的文化产业集群。同时，加强文化产业人才培养和引进，提升文化产业创新能力和市场竞争力。此外，还应注重文化产业的可持续发展，避免过度开发和资源浪费，确保乡村文化产业的健康、有序发展。

（四）加强文化资源共享平台建设，推动乡村文化普惠发展

文化资源共享平台是实现乡村文化普惠发展的重要途径。通过建设线上线下相结合的文化资源共享平台，将乡村文化资源与广大乡村居民连接起来，让他们能够便捷地获取和享受文化服务。这些平台可以包括乡村文化网站、数字图书馆、文化活动中心等，为乡村居民提供丰富多彩的文化产品和服务。同时，我们还应注重平台的互动性和开放性，鼓励乡村居民积极参与文化活动的组织和实施，激发他们的文化创造力和参与热情。

在推动文化资源共享的过程中，我们还应注重文化服务的均衡性和普惠性。通过优化文化资源配置，确保不同地区的乡村居民都能享受到优质的文化服务。同时，关注乡村特殊群体的文化需求，如老年人、儿童、残疾人等，为他们提供有针对性的文化服务，让他们感受到文化振兴带来的实惠和温暖。

文化资源整合与共享是乡村文化振兴实践创新的关键环节。通过全面梳理乡村文化资源、打破资源壁垒、优化资源配置以及加强文化资源共享平台建设等多方面的努力，我们可以实现乡村文化资源的优化配置和高效利用，推动乡村文化产业的繁荣发展，提升乡村文化的影响力和竞争力。这将为乡村社会的全面进步和乡村振兴战略的深入实施提供有力的文化支撑。

第四节 个人在乡村文化振兴中的参与与贡献

一、文化传承与弘扬

在乡村文化振兴的实践创新中,文化传承与弘扬占据核心地位。这不仅是对乡村历史文化的尊重与延续,更是推动乡村社会全面进步的重要动力。

(一)深入挖掘乡村文化内涵,传承历史文化精髓

乡村文化蕴含着丰富的历史信息和深厚的文化底蕴,是乡村社会发展的精神支柱。我们要深入挖掘乡村文化的内涵,传承历史文化的精髓,让乡村文化在新时代焕发出新的生机与活力。通过整理乡村历史文献、开展口述历史收集、保护乡村文化遗产等方式,我们可以让乡村文化的脉络更加清晰,让乡村居民更加自豪地传承自己的文化。

(二)加强文化教育,培养乡村文化自觉

文化自觉是文化传承与弘扬的基础。通过加强文化教育,我们可以培养乡村居民的文化自觉,让他们更加珍视自己的文化遗产,更加积极地参与到文化传承与弘扬的实践中来。我们可以开设文化课程、举办文化活动、建设文化设施等,让乡村居民在亲身参与中感受到文化的魅力,增强对文化的认同感和归属感。

(三)创新文化传承方式,增强乡村文化活力

传统的文化传承方式往往受到时间和空间的限制,难以适应现代社会的发展需求。因此,我们需要创新文化传承方式,增强乡村文化的活力。通过利用现代科技手段,如数字化技术、网络平台等,我们可以打破文化传承的时空限制,让乡村文化更好地传播和弘扬。同时,我们还可以结合乡村旅游、文化创意产业等,开发具有地方特色的文化产品,让乡村文化在市场中焕发新的生机。

（四）搭建文化交流平台，促进乡村文化互鉴

文化交流是文化传承与弘扬的重要途径。通过搭建文化交流平台，我们可以促进不同乡村文化之间的交流与互鉴，推动乡村文化的多样性发展。我们可以组织乡村文化展览、文化论坛、文化节等活动，让不同地区的乡村文化相互碰撞、相互融合，形成更加丰富多彩的文化景观。

（五）强化文化保护意识，确保乡村文化可持续发展

在文化传承与弘扬的过程中，我们必须强化文化保护意识，确保乡村文化的可持续发展。我们要加强对乡村文化遗产的保护力度，防止过度开发和破坏。同时，我们还要注重乡村文化生态环境的保护，保持乡村文化的原真性和完整性。通过制定相关政策和法规，我们可以为乡村文化的传承与弘扬提供有力的保障。

文化传承与弘扬是乡村文化振兴实践创新的核心使命。通过深入挖掘乡村文化内涵、加强文化教育、创新文化传承方式、搭建文化交流平台以及强化文化保护意识等多方面的努力，我们可以让乡村文化在新时代焕发出新的生机与活力，为乡村社会的全面进步和乡村振兴战略的深入实施提供有力的文化支撑。在这个过程中，我们不仅要注重传承历史文化精髓，还要结合现代社会的发展需求，推动乡村文化的创新与发展，让乡村文化成为推动乡村社会全面振兴的重要力量。

二、文化活动参与与组织

在乡村文化振兴的实践创新中，文化活动的参与与组织扮演着至关重要的角色。通过广泛而深入的文化活动，不仅可以丰富乡村居民的精神文化生活，还能促进乡村文化的传承与发展，推动乡村社会的全面进步。

（一）广泛动员乡村居民，提高文化活动参与度

文化活动的参与与组织首先需要广泛动员乡村居民，提高他们的参与度。通过宣传教育、示范引领等方式，让乡村居民认识到文化活动的重要性，激发他们参与文化活动的热情和积极性。同时，我们还应根据乡村居民的兴趣和需求，设计多样化的文化活动，如文艺演出、文化讲座、民俗活动等，以满足不同群体的文化需求。

（二）加强文化活动组织与管理，提升活动质量与效果

文化活动的组织与管理是保证活动质量与效果的关键。我们应建立健全文化活动组织机制，明确活动目标、内容、形式等，确保活动的有序进行。同时，加强活动过程中的管理与监督，确保活动的安全、有序、高效。此外，我们还应注重活动效果的评估与反馈，及时调整活动方案，提升活动质量与效果。

（三）结合地方特色，打造文化活动品牌

文化活动的参与与组织应紧密结合地方特色，打造具有地方特色的文化活动品牌。通过深入挖掘乡村文化资源，结合现代审美需求，我们可以设计出独具特色的文化活动，如地方戏曲表演、民间艺术展览等。这些活动不仅能够展现乡村文化的魅力，还能吸引更多游客和投资者，推动乡村文化产业的发展。

（四）加强文化活动与其他领域的融合，拓展文化活动功能

文化活动的参与与组织还应加强与其他领域的融合，拓展文化活动的功能。例如，我们可以将文化活动与乡村旅游相结合，通过文化体验、文化演艺等形式，吸引游客参与，促进乡村旅游的发展。同时，我们还可以将文化活动与教育相结合，开展文化教育、文化传承等活动，提升乡村居民的文化素养和综合素质。

在文化活动参与与组织的实践中，我们还应注重创新。通过引入现代科技手段，如互联网、新媒体等，我们可以创新文化活动的形式和内容，提升活动的吸引力和影响力。同时，我们还可以借鉴其他地区的成功经验，结合本地实际情况，探索出更具特色的文化活动参与与组织模式。

此外，文化活动参与与组织还需要政府、企业、社会组织等多方力量的共同参与和支持。政府可以加大投入力度，提供必要的资金和政策支持；企业应积极参与文化活动的策划和实施，提供市场化运作的经验和资源；社会组织则应发挥桥梁纽带作用，动员更多社会力量参与文化活动的组织与实施。

文化活动参与与组织是乡村文化振兴实践创新的重要路径。通过广泛动员乡村居民、加强文化活动组织与管理、打造文化活动品牌以及加强与其他领域的融合等措施，我们可以推动乡村文化活动的蓬勃开展，丰富乡村居民的精神文化生活，促进乡村文化的传承与发展，为乡村社会的全面进步和乡

村振兴战略的深入实施提供有力支撑。

三、文化知识与技能学习

在乡村文化振兴的实践创新中，文化知识与技能的学习扮演着至关重要的角色。通过系统而深入的学习，乡村居民不仅能够提升个人的文化素养，更能为乡村文化的传承与发展注入新的活力。

（一）加强文化教育，普及文化基础知识

文化教育是文化知识与技能学习的基础。在乡村地区，我们需要通过设立文化教育课程、举办文化讲座、开展文化活动等多种形式，普及文化基础知识，让乡村居民了解中华优秀传统文化的精髓和内涵。同时，还应注重文化教育的实用性和趣味性，结合乡村居民的实际需求和兴趣点，设计具有针对性的文化教育内容，激发他们的学习热情和积极性。

在文化教育的过程中，我们还应注重传承与创新的结合。既要传承乡村文化的优秀传统，又要引导乡村居民在继承的基础上进行创新，推动乡村文化的现代化发展。通过文化教育，我们可以培养乡村居民的文化自觉和文化自信，让他们更加珍视自己的文化遗产，更加积极地参与到乡村文化振兴的实践创新中来。

（二）开展专业技能培训，提升文化实践能力

文化实践是文化知识与技能学习的重要环节。通过开展专业技能培训，我们可以帮助乡村居民提升文化实践能力，让他们更好地将所学文化知识和技能应用到实际生活中。例如，我们可以组织文化工作者、艺术家等专业人士，对乡村居民进行文艺创作、文化传承等方面的技能培训，让他们掌握更多的文化技能和实践经验。

在专业技能培训的过程中，我们还应注重培训的实用性和实效性。要结合乡村地区的实际情况和发展需求，设计符合当地特色的培训内容，确保培训成果能够真正转化为推动乡村文化振兴的实际动力。同时，我们还应建立完善的培训机制，确保培训工作的规范化和常态化，为乡村居民提供持续的学习机会和平台。

（三）搭建学习交流平台，促进文化知识与技能的共享与传播

学习交流是文化知识与技能学习的重要途径。通过搭建学习交流平台，我们可以促进乡村居民之间的文化知识与技能的共享与传播，推动乡村文化的交流与互鉴。例如，我们可以建立乡村文化学习交流群、开设乡村文化网站或论坛等线上平台，让乡村居民可以随时随地进行文化学习与交流。同时，我们还可以组织文化沙龙、文艺演出等线下活动，为乡村居民提供面对面的学习交流机会。

在学习交流的过程中，我们还应注重引导乡村居民树立正确的文化观念和价值观。要引导他们尊重文化的多样性，包容不同的文化观念，形成开放、包容、共享的文化氛围。同时，我们还要鼓励乡村居民积极参与文化创新实践，将所学文化知识与技能应用于实际生活中，推动乡村文化的创新发展。

文化知识与技能学习是乡村文化振兴实践创新的重要基石。通过加强文化教育、开展专业技能培训以及搭建学习交流平台等多方面的努力，我们可以提升乡村居民的文化素养和实践能力，为乡村文化的传承与发展注入新的活力。在未来的工作中，我们还应不断探索和完善文化知识与技能学习的路径和方法，为乡村文化振兴的实践创新提供更加坚实的支撑。

四、文化资源共享与传播

在乡村文化振兴的实践创新中，文化资源的共享与传播扮演着至关重要的角色。通过促进文化资源的共享与传播，不仅可以丰富乡村居民的精神文化生活，还能够推动乡村文化的传承与创新，进而促进乡村社会的全面进步。

（一）建立文化资源共享机制，打破资源壁垒

乡村文化资源的共享是实践创新的首要任务。建立文化资源共享机制，打破资源壁垒，是实现这一任务的关键。具体而言，我们可以推动乡村图书馆、文化站等公共文化设施的共建共享，让乡村居民能够便捷地获取文化资源。同时，还可以利用数字化技术，将乡村文化资源进行数字化处理，建立乡村文化资源数据库，实现文化资源的在线共享。此外，通过搭建乡村文化资源共享平台，可以促进乡村之间的文化交流与合作，实现文化资源的互利共赢。

（二）拓宽文化传播渠道，提升文化影响力

文化传播是乡村文化振兴实践创新的重要环节。我们应该拓宽文化传播渠道，提升乡村文化的影响力。一方面，可以利用传统媒体如广播、电视、报纸等，宣传乡村文化的特色与魅力，吸引更多人的关注。另一方面，应积极利用新媒体平台，通过短视频、直播等形式，生动展示乡村文化的风貌，让乡村文化走进更多人的视野。此外，还可以通过举办文化节、文化展览等活动，吸引游客和投资者，推动乡村文化的传播与交流。

（三）推动文化产业发展，实现文化资源价值转化

文化资源的共享与传播不仅可以丰富乡村居民的精神文化生活，还可以推动文化产业的发展，实现文化资源价值的转化。通过深入挖掘乡村文化的内涵与特色，我们可以开发出具有地方特色的文化产品，如手工艺品、地方特色食品等，满足游客和消费者的需求。同时，可以推动乡村文化与旅游产业的结合，打造乡村旅游品牌，吸引更多游客前来体验乡村文化的魅力。此外，还可以发展文化创意产业，将乡村文化元素融入创意设计、影视制作等领域，创造出更多具有市场竞争力的文化产品。

（四）强化文化品牌建设，提升乡村文化软实力

在乡村文化振兴的实践创新中，强化文化品牌建设是提升乡村文化软实力的重要途径。通过打造具有地方特色的文化品牌，我们可以提升乡村文化的知名度和美誉度，增强乡村文化的吸引力。具体而言，可以挖掘乡村文化的历史底蕴和独特价值，形成具有鲜明个性的文化标识。同时，注重品牌形象的塑造和推广，通过包装设计、广告宣传等方式，提升文化品牌的认知度和影响力。此外，还可以加强与其他地区的文化交流与合作，共同打造具有区域特色的文化品牌，提升整个区域的文化软实力。

文化资源共享与传播是乡村文化振兴实践创新的必要途径。通过建立文化资源共享机制、拓宽文化传播渠道、推动文化产业发展以及强化文化品牌建设等多方面的努力，我们可以推动乡村文化的传承与创新，丰富乡村居民的精神文化生活，提升乡村社会的整体发展水平。在未来的工作中，我们还应继续探索和创新文化资源共享与传播的方式和手段，为乡村文化振兴实践创新提供更加有力的支持。

五、文化志愿服务与奉献

在乡村文化振兴的实践创新中,文化志愿服务与奉献发挥着举足轻重的作用。文化志愿者们通过无私的奉献和积极的参与,不仅丰富了乡村居民的文化生活,也为乡村文化的传承与发展注入了新的活力。

(一)文化志愿者成为乡村文化传播的使者

文化志愿者是乡村文化传播的重要使者。他们深入乡村,通过举办文化活动、开展文化教育、传承文化遗产等多种方式,将乡村文化的精髓和魅力传递给广大乡村居民。他们利用自己的专业知识和技能,为乡村居民提供丰富多彩的文化服务,让他们在参与中感受到文化的力量,从而激发对乡村文化的热爱和传承的责任感。

同时,文化志愿者还积极向外界宣传乡村文化,吸引更多的人关注和参与到乡村文化的传承与发展中来。他们利用社交媒体、网络平台等现代传播手段,将乡村文化的美丽与独特之处展现给更广泛的受众,提升了乡村文化的知名度和影响力。

(二)文化志愿服务推动乡村文化活动的蓬勃开展

文化志愿服务是乡村文化活动得以蓬勃开展的重要推动力量。文化志愿者们积极参与各类文化活动的策划、组织与实施,为乡村居民提供了丰富多样的文化体验。他们组织文艺演出、举办文化讲座、开展民俗活动等,让乡村居民在参与中感受到文化的魅力,享受到文化带来的乐趣。

同时,文化志愿者还注重创新文化活动形式和内容,结合乡村实际和居民需求,设计出更具吸引力和参与性的文化活动。他们引入现代科技手段,如数字化展示、虚拟现实等,为乡村文化活动注入新的活力,提升了活动的质量和效果。

(三)文化志愿服务促进乡村社会的和谐发展

文化志愿服务不仅丰富了乡村居民的文化生活,还促进了乡村社会的和谐发展。通过参与文化志愿服务,乡村居民之间的交流与互动更加频繁,彼此之间的了解和信任也得以加深。文化志愿者们用自己的行动诠释着奉献与友爱的精神,为乡村社会营造了积极向上的文化氛围。

　　同时,文化志愿服务还促进了乡村社会的文化融合与包容。在志愿服务的过程中,不同文化背景的志愿者们相互学习、相互借鉴,共同推动乡村文化的创新与发展。这种文化融合与包容的氛围有助于增进乡村居民之间的团结与协作,推动乡村社会的全面进步。

　　文化志愿服务与奉献是乡村文化振兴实践创新的重要支撑。通过文化志愿者的努力与奉献,乡村文化的传播更加广泛深入,乡村文化活动蓬勃开展,乡村社会的和谐发展得以实现。在未来的工作中,我们应继续加大对文化志愿服务的支持力度,吸引更多的人参与到乡村文化振兴的实践创新中来,共同推动乡村文化的繁荣发展。同时,还应加强对文化志愿者的培训和指导,提升他们的服务能力和水平,让他们更好地为乡村文化振兴贡献力量。

第七章 乡村文化振兴的未来展望

第一节 乡村文化振兴的发展趋势与预测

一、文化与科技深度融合

在乡村文化振兴的实践创新中,文化与科技的深度融合发挥着举足轻重的作用。科技的进步为乡村文化的传承与发展提供了新动力,而乡村文化的丰富内涵也为科技创新提供了灵感和源泉。

(一)科技助力乡村文化传承保护

科技手段的运用为乡村文化的传承保护提供了有力支持。通过数字化技术,我们可以对乡村文化遗产进行高精度的采集、存储和展示,实现文化资源的永久保存和广泛传播。例如,利用三维扫描和虚拟现实技术,可以重建乡村古建筑、传统工艺等文化遗产的三维模型,让乡村居民和游客能够身临其境地感受乡村文化的魅力。同时,通过大数据分析,我们可以对乡村文化的传播路径和受众需求进行深入挖掘,为文化传承提供更加精准的策略和方案。

(二)科技推动乡村文化创新发展

科技创新为乡村文化的创新发展提供了源源不断的动力。借助现代科技手段,我们可以对乡村文化进行创意性转化和创新性发展,打造出具有时代特色的乡村文化产品。例如,利用人工智能和大数据技术,可以开发出智能化的乡村文化体验项目,让乡村居民和游客在互动体验中深入了解乡村文化的内涵和价值。此外,通过跨界融合,我们还可以将乡村文化元素与现代设计、时尚产业等相结合，创造出更多具有市场竞争力的文化产品。

（三）科技提升乡村文化服务水平

科技手段的运用可以有效提升乡村文化服务的水平和质量。通过建设乡村文化数字化服务平台，我们可以为乡村居民提供更加便捷、高效的文化服务。例如，利用移动互联网和智能终端设备，可以开发乡村文化服务 APP 或小程序，让乡村居民随时随地获取文化资讯、参与文化活动、享受文化服务。同时，通过智能化技术，我们还可以对乡村文化设施进行智能化改造和升级，提升设施的使用效率和用户体验。

（四）科技促进乡村文化产业升级

文化与科技的深度融合有助于推动乡村文化产业的升级转型。借助科技手段，我们可以对乡村文化资源进行深度开发和利用，打造出具有地方特色的文化产业品牌。例如，利用文化创意和科技创新，可以开发乡村文化旅游产品、特色手工艺品等，吸引更多游客和消费者前来体验和消费。同时，通过科技手段的运用，我们还可以提升文化产业的附加值和市场竞争力，推动乡村文化产业的可持续发展。

（五）科技培养乡村文化人才

文化与科技的深度融合对于培养乡村文化人才具有重要意义。通过科技教育和培训，我们可以提升乡村居民的文化素养和科技素养，培养出一批既懂文化又懂科技的复合型人才。这些人才将成为乡村文化振兴实践创新的重要力量，推动乡村文化的传承与发展。同时，我们还可以借助科技手段搭建乡村文化人才交流平台，促进不同领域、不同背景的人才之间的交流与合作，共同推动乡村文化振兴实践创新的深入发展。

文化与科技的深度融合是乡村文化振兴实践创新的关键路径。通过科技助力乡村文化传承保护、推动乡村文化创新发展、提升乡村文化服务水平、促进乡村文化产业升级以及培养乡村文化人才等多方面的努力，我们可以实现乡村文化的全面振兴和繁荣发展。在未来的工作中，我们应继续加强文化与科技的深度融合，探索更多创新性的实践路径和模式，为乡村文化振兴贡献更多的智慧和力量。

二、文化产业持续壮大

在乡村文化振兴的实践创新中,文化产业的持续壮大不仅是经济发展的重要动力,更是乡村文化振兴的坚实基础。文化产业的蓬勃发展不仅能够促进乡村经济的多元化,还能够带动乡村社会的全面进步。

(一)文化产业促进乡村经济多元化发展

文化产业的持续壮大为乡村经济注入了新的活力,推动了乡村经济的多元化发展。随着文化产业的兴起,乡村地区的文化资源得到了有效的开发和利用,形成了独具特色的文化产业集群。这些产业集群不仅为乡村居民提供了丰富的就业机会,还吸引了大量的游客和投资者,带动了乡村地区的经济增长。

同时,文化产业的发展还促进了乡村经济的转型升级。传统农业产业逐渐向文化旅游业、文化创意产业等方向延伸,形成了乡村经济的多元化发展格局。这种转型升级不仅提升了乡村经济的附加值,还增强了乡村经济的韧性和可持续性。

(二)文化产业提升乡村文化软实力

文化产业的持续壮大对于提升乡村文化软实力具有重要意义。通过发展文化产业,乡村地区的文化资源得到了更好的传承和保护,乡村文化的独特魅力得以充分展现。文化产业的发展还促进了乡村文化的创新和发展,形成了具有地方特色的文化品牌和文化产品。

这些文化品牌和产品不仅提升了乡村文化的知名度和美誉度,还增强了乡村文化的影响力和竞争力。通过文化产业的推广和传播,乡村文化得以走出乡村、走向全国乃至全世界,为乡村地区赢得了更多的发展机遇和合作空间。

(三)文化产业推动乡村社会全面进步

文化产业的持续壮大对于推动乡村社会的全面进步具有重要作用。文化产业的发展带动了乡村地区的基础设施建设和社会服务体系的完善。为了满足文化产业的发展需求,乡村地区加强了交通、通信、电力等基础设施建设,提升了乡村地区的整体发展水平。

同时，文化产业的发展还促进了乡村社会的文化交流和融合。文化产业吸引了来自不同地区的游客和投资者，带来了不同的文化元素和思想观念。这些交流和融合有助于增进乡村居民之间的了解和信任，推动乡村社会的和谐稳定。

此外，文化产业的发展还为乡村居民提供了更多的文化娱乐活动和精神寄托。通过参与文化产业的生产和经营活动，乡村居民不仅能够获得经济收益，还能够享受到文化产业发展带来的精神满足和幸福感。

文化产业持续壮大是乡村文化振兴实践创新的重要支撑。通过促进乡村经济多元化发展、提升乡村文化软实力以及推动乡村社会全面进步等多方面的努力，文化产业为乡村文化振兴注入了强大的动力。在未来的发展中，我们应继续加大对文化产业的支持力度，推动文化产业与乡村文化的深度融合，为乡村文化振兴实践创新提供更加坚实的基础。同时，还应注重文化产业发展的可持续性和创新性，探索更多符合乡村实际和市场需求的文化产业发展路径和模式，为乡村文化振兴贡献更多的智慧和力量。

三、文化多元化与交融发展

在乡村文化振兴的实践创新中，文化多元化与交融发展扮演着至关重要的角色。随着全球化的深入推进和城乡交流的日益频繁，乡村文化不再是一个孤立的存在，而是与多元文化相互交融、共同发展的过程。这种文化多元化与交融发展不仅丰富了乡村文化的内涵和形式，也为乡村文化振兴实践创新注入了新的活力。

（一）文化多元化拓展乡村文化发展空间

文化多元化为乡村文化振兴提供了广阔的发展空间。在全球化背景下，各种文化元素和思想观念相互碰撞、交流，为乡村文化注入了新的活力和创意。乡村文化不再局限于传统的农耕文化和乡土风情，而是吸收了现代文化、城市文化、外来文化等多种元素，形成了独具特色的文化景观。

这种文化多元化的趋势为乡村文化的发展提供了更多可能性。乡村地区可以结合自身实际，挖掘和整合各种文化资源，打造具有地方特色的文化品牌和文化产业。同时，乡村文化也可以与其他文化形态进行交流和合作，共同推动文化创新和文化发展。

（二）文化交融促进乡村文化创新升级

文化交融是乡村文化振兴实践创新的重要动力。在城乡交流和文化互动的过程中，乡村文化与城市文化、传统文化与现代文化等不断交融、碰撞，产生了许多新的文化现象和文化产品。

这种文化交融不仅促进了乡村文化的创新升级，也提升了乡村文化的品质和价值。乡村文化在吸收外来文化的同时，也保持了自己的独特性和地方性，形成了具有鲜明个性的文化特色。同时，乡村文化也通过与现代文化的结合，实现了传统与现代的融合，展现了乡村文化的时代魅力。

（三）文化多元化与交融推动乡村社会治理创新

文化多元化与交融不仅影响乡村文化的发展和创新，也对乡村社会治理产生了深远影响。在多元文化的背景下，乡村居民的思想观念、价值观念和行为方式发生了深刻变化，这对乡村社会治理提出了新的挑战和要求。

为了适应这种变化，乡村社会治理需要不断创新和完善。一方面，乡村社会治理需要更加注重文化引领和文化治理的作用，通过文化活动和文化教育等手段，提升乡村居民的文化素养和道德水平，增强乡村社会的凝聚力和向心力。另一方面，乡村社会治理也需要更加关注多元文化的融合和共存，尊重不同文化群体的差异和多样性，促进文化交流和对话，营造和谐稳定的乡村社会环境。

（四）文化多元化与交融提升乡村居民文化素养

文化多元化与交融发展的最终目的是提升乡村居民的文化素养和生活品质。通过接触和了解不同的文化，乡村居民能够拓宽视野、增长见识，提高自身的文化认知和文化鉴赏能力。同时，文化多元化与交融也为乡村居民提供了更多的文化娱乐和精神寄托，丰富了他们的精神生活。

在乡村文化振兴实践创新中，应注重培养乡村居民的文化自觉和文化自信。通过举办各类文化活动、建设文化设施、开展文化教育等方式，引导乡村居民积极参与文化建设，自觉传承和弘扬乡村文化。同时，也要鼓励乡村居民与外来文化进行交流与对话，吸收借鉴其他文化的优秀元素，推动乡村文化的创新发展。

文化多元化与交融发展是乡村文化振兴实践创新的重要维度。通过拓展乡村文化发展空间、促进乡村文化创新升级、推动乡村社会治理创新以及提升乡村居民文化素养等多方面的努力，我们可以实现乡村文化的全面振兴和繁荣发展。在未来的工作中，我们应继续加强文化多元化与交融发展的理念和实践，为乡村文化振兴实践创新注入更多的活力和动力。

四、文化自觉与文化自信提升

在乡村文化振兴的实践创新中，文化自觉和文化自信扮演着至关重要的角色。它们是推动乡村文化发展的内在动力和精神支撑，也是实现乡村文化全面振兴的重要保障。

（一）培养乡村居民的文化自觉意识

文化自觉是指对本土文化的认同和珍视，以及对不同文化的尊重和包容。在乡村文化振兴的过程中，应注重培养乡村居民的文化自觉意识。首先，要加强对传统文化的保护和传承，让乡村居民了解自己的历史渊源和文化底蕴。其次，要引导乡村居民关注当代文化发展动态和国际文化交流趋势，增强他们对多元文化的认知和接纳能力。最后，要通过各种方式宣传和推广乡村文化特色和优势资源，激发乡村居民的文化自豪感和自信心。

同时，要注重提高乡村居民的文化素质和审美水平。通过举办各类文化活动、开展文化教育等方式引导他们积极参与文化建设和管理中来。这样不仅可以丰富他们的精神生活需求还可以提升他们的文化素养和自我认同感。

（二）树立文化自信心态

文化自信是对自身文化价值的充分肯定和对未来文化发展的坚定信念。在乡村文化振兴实践中要树立文化自信心态需要从以下几个方面入手：一是深入挖掘和传承优秀传统乡土文化；二是积极推动乡村文化创新和发展；三是加强乡村文化与城市文化的交流与融合；四是注重培育乡村文化人才队伍建设。通过这些措施的实施可以不断增强乡村居民对本地区文化的认同感和自豪感从而树立起坚定的文化自信心态来面对未来挑战和机遇。

（三）构建乡村文化治理体系

为了实现乡村文化的全面振兴需要建立健全的乡村文化治理体系。这包括完善政策法规保障制度、加大财政支持力度、加强人才队伍建设等方面的工作。同时要注重发挥社会各界力量参与乡村文化建设和管理的作用形成全社会共同支持、共同参与的良好氛围。只有这样才能够为乡村文化振兴提供有力保障和支持促进乡村文化的持续健康发展。

（四）推进乡村文化产业发展

文化产业的发展是乡村文化振兴的重要支撑。在推进乡村文化产业发展的过程中应注重挖掘本地特色文化资源并对其进行深度开发和利用打造具有地方特色的文化品牌和产品。同时要鼓励和支持文化创意产业的发展通过创意设计将传统文化与现代元素相结合打造出更多符合市场需求的文化产品来推动乡村文化的传播和普及。此外还要注重培育文化市场和完善产业链条促进乡村文化产业的高质量发展。

文化自觉与文化自信提升是乡村文化振兴实践创新的基石。通过培养乡村居民的文化自觉意识、树立文化自信心态、构建乡村文化治理体系和推进乡村文化产业发展等多方面的努力我们可以实现乡村文化的全面振兴和繁荣发展并为乡村振兴战略的实施注入新的活力和动力。

五、文化生态保护与可持续发展

在乡村文化振兴的实践创新中，文化生态保护与可持续发展扮演着至关重要的角色。文化生态是乡村文化的根基，而可持续发展则是乡村文化振兴的长远之计。

（一）保护乡村文化生态的完整性与多样性

乡村文化生态是一个复杂而脆弱的系统，包括自然景观、人文环境、传统习俗等多个方面。在乡村文化振兴的过程中，我们首先要致力于保护乡村文化生态的完整性和多样性。这意味着要尊重乡村文化的历史传承和地域特色，避免过度开发和破坏。同时，我们还要关注乡村文化生态中不同文化元素的相互关系和平衡，确保各种文化形式能够和谐共生、相互促进。

为了实现这一目标，我们需要采取一系列措施，如加强文化遗产保护、推动文化传承与创新、优化文化资源配置等。通过这些措施的实施，我们可以有效地保护乡村文化生态的完整性和多样性，为乡村文化振兴奠定坚实的基础。

（二）促进乡村文化与生态环境的协调发展

乡村文化与生态环境之间存在着密切的关系。一方面，乡村文化是在特定的自然环境中孕育和发展起来的，其形成和演变受到生态环境的深刻影响；另一方面，乡村文化的发展也反过来影响着生态环境的保护和利用。因此，在乡村文化振兴的实践创新中，我们需要促进乡村文化与生态环境的协调发展。

这要求我们在发展乡村文化的同时，注重生态环境的保护和修复。例如，我们可以推广生态农业、生态旅游等绿色产业，实现经济发展与环境保护的双赢；我们还可以加强乡村环境治理，改善乡村人居环境，提升乡村居民的生活品质。通过这些措施的实施，我们可以实现乡村文化与生态环境的和谐共生。

（三）推动乡村文化产业的绿色化发展

文化产业是乡村文化振兴的重要载体，但传统的文化产业发展模式往往会对生态环境造成一定的破坏。因此，在乡村文化振兴的实践创新中，我们需要推动乡村文化产业的绿色化发展。

这包括采用环保材料和技术进行文化产品的生产和销售，减少文化产业发展过程中的环境污染；同时，还要注重文化产业与生态环境的融合，开发出具有地方特色的绿色文化产品和服务，满足消费者的绿色消费需求。通过这些措施的实施，我们可以实现乡村文化产业的可持续发展，为乡村文化振兴注入新的活力。

（四）培养乡村居民的生态文明意识

乡村居民是乡村文化振兴的主体力量，他们的生态文明意识对于乡村文化生态保护与可持续发展至关重要。因此，我们需要通过各种途径培养乡村居民的生态文明意识。

这包括加强生态文明教育，让乡村居民了解生态文明的重要性；同时，还要开展生态文明实践活动，让乡村居民亲身参与到生态文明建设中来。通过这些措施的实施，我们可以提高乡村居民的生态文明素养，引导他们自觉保护生态环境、传承乡村文化。

（五）构建乡村文化生态保护与可持续发展的长效机制

实现乡村文化生态保护与可持续发展需要构建长效机制。这包括建立健全的政策法规体系，为乡村文化生态保护提供法制保障；同时，还要加强监管和执法力度，确保相关政策法规得到有效执行。此外，我们还要推动形成政府主导、社会参与、市场运作的多元共治格局，汇聚各方力量共同推动乡村文化生态保护与可持续发展。

文化生态保护与可持续发展是乡村文化振兴实践创新的必由之路。通过保护乡村文化生态的完整性与多样性、促进乡村文化与生态环境的协调发展、推动乡村文化产业的绿色化发展、培养乡村居民的生态文明意识以及构建乡村文化生态保护与可持续发展的长效机制等多方面的努力，我们可以实现乡村文化的全面振兴和可持续发展。在未来的工作中，我们应继续加强文化生态保护与可持续发展的理念和实践，为乡村文化振兴实践创新注入更多的活力和动力。

第二节　乡村文化振兴的战略规划与布局

一、明确发展目标与定位

在乡村文化振兴的实践创新中，明确发展目标与定位是至关重要的第一步。它不仅能够为乡村文化的发展指明方向，还能够为实践创新提供有力的支撑和保障。

（一）确立乡村文化振兴的核心目标

乡村文化振兴的核心目标是实现乡村文化的全面发展和繁荣，提升乡村居民的文化素养和生活品质。这一目标既体现了对乡村文化价值的充分认可和尊重，也体现了对乡村居民精神文化需求的关注和满足。在明确核心目标的基础上，我们需要进一步细化具体的发展指标和任务，如提升乡村文化设施的建设水平、丰富乡村文化活动的内容和形式、加强乡村文化遗产的保护和传承等。

（二）明确乡村文化振兴的实践定位

乡村文化振兴的实践定位应该紧密结合乡村的实际情况和发展需求。一方面，我们要深入挖掘乡村文化的内涵和特色，充分发挥乡村文化的独特魅力；另一方面，我们还要关注乡村文化与现代文明的融合，推动乡村文化与时俱进、创新发展。在实践定位上，我们要注重将乡村文化振兴与乡村振兴战略、美丽乡村建设等紧密结合，形成相互促进、共同发展的良好局面。

（三）制定科学合理的发展规划

明确发展目标与定位后，我们需要制定科学合理的发展规划，为乡村文化振兴的实践创新提供有力的指导和保障。发展规划应该包括长期目标和短期目标，既要考虑乡村文化的长远发展，也要关注当前亟待解决的问题。同时，发展规划还要注重可操作性和可评估性，确保各项任务和措施能够得到有效落实和监测评估。

在制定发展规划的过程中，我们需要广泛征求各方面的意见和建议，充分吸收乡村居民的智慧和力量。通过集思广益、群策群力，我们可以制定出更加符合乡村实际、更加贴近乡村居民需求的发展规划，为乡村文化振兴的实践创新提供坚实的支撑和保障。

明确发展目标与定位是乡村文化振兴实践创新的基石。通过确立乡村文化振兴的核心目标、明确实践定位以及制定科学合理的发展规划，我们可以为乡村文化的发展指明方向，为实践创新提供有力的支撑和保障。在未来的工作中，我们应继续深化对乡村文化振兴发展目标与定位的认识和理解，不断完善和优化发展规划和措施，推动乡村文化振兴实践创新不断取得新的成果和进展。

二、制定详细规划与实施方案

（一）深入分析乡村文化现状与发展需求

制定规划与实施方案的首要任务是深入分析乡村文化的现状与发展需

求。通过调研和评估，了解乡村文化的资源禀赋、发展优势和存在的问题，掌握乡村居民的文化需求和期望。这有助于我们准确把握乡村文化的发展方向和重点，为制定有针对性的规划和实施方案提供依据。

（二）明确规划目标与发展重点

在深入分析的基础上，我们需要明确乡村文化振兴的规划目标与发展重点。规划目标应具体、可量化，能够体现乡村文化振兴的核心价值和长远发展需求。发展重点应突出乡村文化的特色与优势，注重文化创新与产业融合，推动乡村文化与现代文明的有机结合。

（三）细化实施方案与具体措施

制定详细规划与实施方案的核心在于细化实施方案与具体措施。这包括确定文化设施建设、文化活动开展、文化遗产保护等方面的具体项目和内容，明确责任主体、实施时间和预期效果。同时，我们还要注重措施的可行性和可操作性，确保各项任务能够得到有效落实。

（四）建立监测评估与反馈机制

规划与实施方案的制定并非一劳永逸，我们需要建立监测评估与反馈机制，对实施过程进行动态跟踪和评估。通过定期收集和分析数据，了解实施效果和问题，及时调整和优化方案。同时，我们还要积极收集乡村居民的意见和建议，不断完善规划和实施方案，确保乡村文化振兴实践创新能够持续、健康地推进。

在制定规划与实施方案的过程中，我们还应注重以下几个方面：一是加强与相关部门的沟通协调，形成合力推进的良好氛围；二是注重吸收借鉴先进经验和做法，提升规划和实施方案的科学性和有效性；三是强化人才队伍建设，为乡村文化振兴提供有力的人才保障。

制定详细规划与实施方案是乡村文化振兴实践创新的行动指南。通过深入分析乡村文化现状与发展需求、明确规划目标与发展重点、细化实施方案与具体措施以及建立监测评估与反馈机制等四个方面的努力，我们可以为乡村文化振兴实践创新提供清晰的方向和具体的行动路径。在未来的工作中，我们应不断完善和优化规划与实施方案，推动乡村文化振兴实践创新不断取得新的进展和成果。

三、优化资源配置与空间布局

在乡村文化振兴实践创新中,优化资源配置与空间布局是提升乡村文化发展水平、促进文化繁荣的关键环节。通过科学合理地配置资源、优化空间布局,能够充分激发乡村文化的内在活力,推动乡村文化振兴向纵深发展。

(一)加强文化基础设施建设

文化基础设施是乡村文化发展的物质基础,加强文化基础设施建设是优化资源配置的首要任务。我们要根据乡村的实际情况和发展需求,合理规划文化设施的布局和规模,确保每个乡村都能享受到基本的文化服务。同时,我们还要注重文化设施的品质和功能,提升乡村居民的文化体验感和满意度。

(二)促进文化资源均衡分布

乡村文化资源的均衡分布是优化资源配置的重要目标。我们要打破地域限制和城乡壁垒,推动文化资源在乡村间的合理流动和共享。通过政策扶持和市场机制相结合,引导文化资源向乡村倾斜,提升乡村文化的整体发展水平。同时,我们还要注重发挥乡村文化的特色和优势,形成各具特色的乡村文化格局。

(三)推动文化产业融合发展

文化产业是乡村文化振兴的重要支撑,推动文化产业融合发展是优化资源配置的重要途径。我们要深入挖掘乡村文化的产业价值,将文化资源转化为文化产品和文化服务,实现文化产业的增值和创收。同时,我们还要加强文化产业与其他产业的融合发展,形成产业联动和协同发展效应,提升乡村经济的整体竞争力。

(四)构建科学合理的空间布局

科学合理的空间布局是优化资源配置的重要体现。我们要根据乡村的文化特色和发展需求,合理规划文化空间的功能分区和布局结构。通过优化文化空间的布局和设计,提升乡村文化的整体形象和品质。同时,我们还要注重文化空间与生态环境的协调发展,实现乡村文化的可持续发展。

在优化资源配置与空间布局的过程中,我们还应注重加强政策引导和市场机制的作用。通过制定相关政策措施，引导社会资源向乡村文化领域投入；同时，还要发挥市场机制在资源配置中的决定性作用，激发社会力量的积极性和创造力。

优化资源配置与空间布局是乡村文化振兴实践创新的关键环节。通过加强文化基础设施建设、促进文化资源均衡分布、推动文化产业融合发展以及构建科学合理的空间布局等方面的努力，我们可以为乡村文化振兴实践创新提供有力的支撑和保障。在未来的工作中，我们应继续深化对优化资源配置与空间布局的认识和理解，不断探索和创新实践路径，推动乡村文化振兴实践创新取得更加显著的成效。

四、加强区域合作与协同发展

在乡村文化振兴实践创新的征程中，加强区域合作与协同发展是不可或缺的重要路径。通过深化区域间的合作与交流，可以有效整合资源、优势互补，推动乡村文化振兴向更高层次、更宽领域迈进。下面从四个方面详细阐述加强区域合作与协同发展在乡村文化振兴实践创新中的重要作用。

（一）构建区域文化合作机制

加强区域合作与协同发展的首要任务是构建区域文化合作机制。这包括建立区域文化合作的组织架构、制定合作规则与协议，以及明确合作的目标与任务。通过机制化、制度化的合作方式，可以促进各区域间的文化资源共享、经验互鉴和优势互补，形成推动乡村文化振兴的强大合力。

（二）推动文化资源跨区域流动

文化资源的跨区域流动是加强区域合作与协同发展的关键。我们要打破地域限制，推动文化资源在更大范围内进行优化配置。通过举办文化交流活动、建立文化资源共享平台等方式，促进各区域间的文化互动与融合。同时，我们还要注重文化资源的保护与传承，确保文化在流动中不失其本真和特色。

（三）促进文化产业协同发展

文化产业是乡村文化振兴的重要支撑，加强区域合作与协同发展有助于促进文化产业的共同繁荣。我们要推动各区域文化产业的优势互补和联动发展，形成文化产业集群和产业链。通过合作开发文化产品、共同开拓市场等方式，提升文化产业的整体竞争力和影响力。同时，我们还要注重文化产业与旅游、农业等产业的融合发展，打造具有地方特色的文化产业品牌。

（四）深化文化人才交流与合作

文化人才是乡村文化振兴的核心力量，加强区域合作与协同发展需要深化文化人才的交流与合作。我们要建立文化人才交流机制，推动各区域间的文化人才互访、学习和培训。通过共享文化教育资源、搭建文化人才合作平台等方式，提升文化人才的专业素养和创新能力。同时，我们还要注重引进和培养高层次文化人才，为乡村文化振兴提供有力的人才保障。

在加强区域合作与协同发展的过程中，我们还应注重发挥政府、企业和社会组织等多方力量的作用。政府应提供政策支持和引导，为企业和社会组织搭建合作平台；企业应积极参与区域合作，发挥自身优势，推动文化产业的发展；社会组织应发挥桥梁纽带作用，促进各区域间的文化交流与融合。

加强区域合作与协同发展是乡村文化振兴实践创新的重要路径。通过构建区域文化合作机制、推动文化资源跨区域流动、促进文化产业协同发展以及深化文化人才交流与合作等方面的努力，我们可以推动乡村文化振兴实践创新取得更加显著的成效。在未来的工作中，我们应继续深化区域合作与协同发展，共同开创乡村文化振兴的新篇章。

五、完善政策体系与保障机制

在乡村文化振兴实践创新的进程中，完善政策体系与保障机制是确保各项工作顺利推进、取得实效的关键所在。通过构建科学合理的政策体系，为乡村文化振兴提供有力的制度保障；同时，建立健全的保障机制，确保各项政策得以有效实施。

（一）制定针对性强的政策措施

针对乡村文化振兴的实际需求和发展特点，制定具有针对性的政策措施是完善政策体系的首要任务。我们要深入调研乡村文化的现状和发展趋势，准确把握乡村居民的文化需求，制定符合乡村实际、切实可行的政策措施。这些政策应涵盖文化设施建设、文化遗产保护、文化产业发展等多个方面，为乡村文化振兴提供全方位的支持。

（二）加大政策扶持力度

政策扶持是推动乡村文化振兴的重要手段。我们要加大对乡村文化振兴的财政投入，提高文化项目的资金保障水平。同时，还要通过税收减免、贷款优惠等措施，引导社会资本投入乡村文化领域，形成多元化的投入机制。此外，我们还要加强对乡村文化振兴的政策宣传，提高政策知晓率和利用率。

（三）优化政策执行与监督机制

政策执行与监督是确保政策落地生效的关键环节。我们要建立健全的政策执行机制，明确责任主体和职责分工，确保各项政策得到有效执行。同时，还要加强对政策执行情况的监督检查，及时发现和解决问题，确保政策不落空、不走样。此外，我们还要建立政策效果评估机制，对政策实施情况进行定期评估，为政策调整和优化提供依据。

（四）建立人才保障机制

人才是乡村文化振兴的核心力量。我们要建立完善的人才保障机制，为乡村文化振兴提供有力的人才支撑。这包括加强乡村文化人才的培养和引进，建立健全的文化人才激励机制，吸引更多优秀人才投身乡村文化事业。同时，我们还要加强对乡村文化工作者的培训和指导，提高他们的专业素养和工作能力。

（五）强化文化市场监管机制

文化市场的健康发展是乡村文化振兴的重要保障。我们要建立健全的文化市场监管机制，加强对文化市场的监管和管理。这包括制定完善的市场准入制度，规范文化市场的经营行为；加强对文化产品的审核把关，确保文化产品的内容健康、质量优良；同时，还要加大对违法违规行为的打击力度，维护文化市场的良好秩序。

完善政策体系与保障机制是乡村文化振兴实践创新的坚强后盾。通过制定针对性强的政策措施、加大政策扶持力度、优化政策执行与监督机制、建立人才保障机制以及强化文化市场监管机制等方面的努力，我们可以为乡村文化振兴提供有力的制度保障和支持，推动乡村文化振兴实践创新不断取得新的成效。

第三节 乡村文化振兴的创新点与突破点

一、文化创新引领发展

在乡村文化振兴的实践创新中,文化创新扮演着至关重要的角色,它不仅是推动乡村文化发展的核心动力,更是引领乡村全面振兴的重要引擎。

(一)文化创新激发乡村文化活力

文化创新通过引入新思想、新观念和新方法,为乡村文化注入新的活力。传统的乡村文化在历经岁月的洗礼后,往往面临着形式单一、内容陈旧的问题。文化创新能够打破这一僵局,推动乡村文化在保持传统精髓的基础上,焕发出现代气息和时代特色。通过举办文化节、开展文化活动等方式,文化创新让乡村文化焕发出新的生机和活力,吸引了更多人的关注和参与。

(二)文化创新推动乡村文化产业发展

文化创新是乡村文化产业发展的重要推动力。通过深入挖掘乡村文化的独特资源,结合市场需求和时代特征,文化创新能够开发出具有地方特色和文化内涵的文化产品。这些文化产品不仅能够满足人们的精神文化需求,还能够带动乡村经济的发展,提升乡村居民的收入水平。同时,文化创新还能够推动乡村文化与其他产业的融合发展,形成多元化、立体化的文化产业格局。

(三)文化创新提升乡村居民文化素养

文化创新不仅关注文化的外在形式,更注重文化的内在价值。通过推广先进文化、普及科学知识、开展文化教育等方式,文化创新能够提升乡村居民的文化素养和综合素质。这种提升不仅有助于增强乡村居民的文化自信心和自豪感,还能够促进乡村社会的和谐稳定和发展进步。同时,文化素养的提升还能够激发乡村居民的创造力和创新精神,为乡村文化的持续发展提供源源不断的动力。

（四）文化创新构建乡村文化新生态

文化创新是构建乡村文化新生态的关键所在。通过创新文化理念、完善文化设施、优化文化环境等方式，文化创新能够打造出一个充满活力、和谐宜居的乡村文化空间。在这个空间中，传统文化与现代文化相互交融，乡村文化与城市文化相互借鉴，形成了一种独具特色的乡村文化新生态。这种新生态不仅能够满足乡村居民的精神文化需求，还能够吸引外来游客的关注和喜爱，进一步推动乡村文化的传播和发展。

文化创新在乡村文化振兴实践创新中发挥着举足轻重的作用。通过激发乡村文化活力、推动乡村文化产业发展、提升乡村居民文化素养以及构建乡村文化新生态等方面的努力，文化创新为乡村文化的振兴注入了强大的动力，引领着乡村走向更加美好的未来。在未来的发展中，我们应继续深化对文化创新的理解和认识，不断探索和实践新的文化创新路径和模式，为乡村文化振兴贡献更多的智慧和力量。

二、文化内容与形式创新

在乡村文化振兴的实践创新中，文化内容与形式的创新是推动乡村文化发展的关键。通过丰富多样的文化内容和创新性的文化形式，我们能够有效激发乡村文化的内在活力，促进乡村文化的繁荣发展。

（一）挖掘乡村特色文化内容

乡村文化振兴的首要任务是深入挖掘乡村特色文化内容。每个乡村都有其独特的历史传统、风土人情和文化遗产，这些都是乡村文化的宝贵财富。通过系统梳理和整理乡村文化资源，我们可以发现其中蕴含的丰富内涵和深厚底蕴。在此基础上，我们可以结合现代审美观念，对乡村文化进行再创作和再表达，使其焕发新的光彩。

（二）创新文化表达形式

文化表达形式的创新是乡村文化振兴的重要手段。传统的乡村文化表达方式往往较为单一，难以吸引年轻人的关注。因此，我们需要结合现代科技手段和艺术形式，对乡村文化进行创新性表达。例如，利用新媒体平台推广乡村文化，通过音乐、舞蹈、戏剧等艺术形式展现乡村文化的魅力，让乡文化更加贴近现代生活，更加易于被人们接受和喜爱。

（三）注重文化活动的互动性

文化活动的互动性是提高乡村文化吸引力的重要途径。传统的乡村文化活动往往缺乏互动性和参与性，难以激发人们的兴趣和热情。因此，我们需要在文化活动的策划和组织中注重互动性，让参与者能够积极参与其中，体验乡村文化的魅力。例如，通过举办文化体验活动、文化讲座等形式，让乡村居民和外来游客能够亲身感受乡村文化的独特魅力，增强对乡村文化的认同感和归属感。

（四）打造乡村文化品牌

乡村文化品牌的打造是提升乡村文化影响力的重要举措。通过深入挖掘乡村文化的独特性和优势，我们可以打造出具有地方特色的乡村文化品牌。这些品牌不仅可以作为乡村文化的代表，还可以作为推动乡村经济发展的重要资源。通过品牌推广和宣传，我们可以吸引更多的人们关注和了解乡村文化，推动乡村文化的传播和发展。

（五）培养乡村文化创新人才

乡村文化创新人才的培养是推动乡村文化振兴的关键。我们需要注重培养一批具有创新精神和创造力的乡村文化人才，他们不仅能够深入挖掘乡村文化的内涵和价值，还能够结合现代审美观念和技术手段，对乡村文化进行创新性表达和推广。通过人才培养和引进，我们可以为乡村文化振兴提供源源不断的人才支持，推动乡村文化的持续发展和繁荣。

文化内容与形式的创新是乡村文化振兴实践创新的重要途径。通过挖掘乡村特色文化内容、创新文化表达形式、注重文化活动的互动性、打造乡村文化品牌以及培养乡村文化创新人才等方面的努力，我们可以为乡村文化振兴注入新的活力和动力，推动乡村文化的繁荣发展。在未来的实践中，我们应继续深化对文化内容与形式创新的理解和探索，不断推动乡村文化振兴实践创新取得新的成果。

三、文化传播方式创新

在乡村文化振兴的实践中，文化传播方式的创新扮演着举足轻重的角色。传统的文化传播方式往往受限于地域和技术的限制，难以有效覆盖广大乡村地区，导致乡村文化的传播力度不足，影响力有限。因此，探索和创新文化传播方式，对于推动乡村文化振兴实践创新具有深远的意义。

（一）运用新媒体技术拓宽传播渠道

随着科技的飞速发展，新媒体技术为乡村文化传播带来了前所未有的机遇。通过利用互联网、手机等新媒体平台，我们可以打破地域限制，将乡村文化传播到更广泛的区域。例如，利用社交媒体工具，可以发布乡村文化资讯、推广乡村文化产品，吸引更多人的关注和参与。同时，通过直播技术，可以将乡村文化活动、节庆活动等实时展现给受众，增强乡村文化的现场感和参与感。

（二）开展线上线下相结合的文化活动

线上线下相结合的文化活动，是乡村文化传播方式创新的重要实践。线上活动可以通过网络平台进行，具有传播速度快、覆盖范围广的优势；线下活动则可以让人们亲身参与，体验乡村文化的魅力。例如，可以组织线上乡村文化知识竞赛、乡村文化摄影大赛等活动，吸引网友积极参与，同时在线下举办乡村文化展览、文化演出等活动，让人们近距离感受乡村文化的魅力。这种线上线下相结合的方式，不仅丰富了乡村文化传播的形式，也提高了乡村文化的传播效果。

（三）打造乡村文化旅游品牌，推动文化传播与旅游融合

乡村文化旅游品牌的打造，是文化传播方式创新的又一重要举措。通过将乡村文化与旅游产业相结合，可以推动乡村文化的传播与旅游业的共同发展。一方面，可以深入挖掘乡村文化的内涵和价值，打造具有地方特色的乡村文化旅游产品；另一方面，通过旅游活动，可以让游客亲身体验乡村文化，感受乡村文化的独特魅力。同时，通过旅游业的发展，也可以带动乡村经济的繁荣，为乡村文化振兴提供有力支持。

文化传播方式创新是乡村文化振兴实践创新的重要推手。通过运用新媒体技术拓宽传播渠道、开展线上线下相结合的文化活动以及打造乡村文化旅游品牌等方式，我们可以有效推动乡村文化的传播与发展，让更多的人了解和认识乡村文化，激发乡村文化的内在活力。在未来的实践中，我们应继续探索和创新文化传播方式，为乡村文化振兴实践创新注入新的动力。同时，我们也应注重文化传播的精准性和有效性，根据不同受众群体的需求和特点，制定有针对性的传播策略，提高乡村文化传播的针对性和实效性。

四、文化产业创新发展

文化产业创新发展是乡村文化振兴实践创新的关键环节，对于推动乡村文化的传承与发展、促进乡村经济的转型升级具有重要意义。

（一）挖掘乡村文化资源，丰富文化产业内涵

乡村文化资源丰富多样，包括传统手工艺、民间艺术、地方戏曲、民俗活动等。通过深入挖掘这些乡村文化资源，我们可以丰富文化产业的内涵，为乡村文化产业发展提供源源不断的创意素材。例如，将传统手工艺与现代设计相结合，开发具有地方特色的手工艺品；将民间艺术融入现代舞台表演，打造独具特色的文化演出项目。这些举措不仅能够传承和弘扬乡村文化，还能够为乡村文化产业注入新的活力。

（二）创新文化产业模式，拓展乡村文化市场

传统的文化产业模式往往局限于本地市场，难以拓展更广阔的空间。因此，我们需要创新文化产业模式，探索多元化的文化产品和服务。例如，通过"互联网+"的方式，将乡村文化产品推向全国乃至全球市场；开展文化旅游项目，吸引游客前来体验乡村文化的魅力。同时，我们还可以通过跨界合作的方式，将乡村文化与旅游、教育、科技等领域进行融合，开发出更多具有市场竞争力的文化产品。

（三）培育文化产业人才，提升乡村文化软实力

文化产业的发展离不开人才的支持。我们需要注重培育文化产业人才，提升乡村文化的软实力。通过举办文化产业培训班、邀请专家进行指导等方

式,培养一批既了解乡村文化又具备创意和设计能力的人才。同时,我们还可以鼓励高校、研究机构等单位与乡村地区进行产学研合作,为乡村文化产业发展提供智力支持。

(四)加强文化产业政策扶持,优化发展环境

政府在文化产业创新发展中扮演着重要角色。我们需要加强文化产业政策扶持,为乡村文化产业发展提供有力保障。例如,出台税收优惠、资金扶持等政策,降低文化产业发展的成本;建立文化产业园区,为文化企业提供良好的发展环境;加强知识产权保护,维护文化产业的合法权益。这些政策扶持措施能够激发文化企业的创新活力,推动乡村文化产业快速发展。

五、文化人才培养机制创新

在乡村文化振兴的实践创新中,文化人才的培养机制发挥着至关重要的作用。创新文化人才培养机制,不仅能够为乡村文化振兴提供源源不断的人才支持,还能够推动乡村文化的持续发展和创新。

(一)优化人才培养体系,提升人才质量

传统的文化人才培养体系往往缺乏针对性和实效性,难以满足乡村文化振兴的实际需求。因此,我们需要优化人才培养体系,建立符合乡村文化振兴需要的人才培养模式。通过设立专门的文化人才培养计划,结合乡村文化的特点和需求,制定针对性的课程设置和培训计划,提升文化人才的专业素养和实践能力。同时,加强实践教学和实习实训,让文化人才在实践中锻炼和成长。

(二)加强人才队伍建设,形成人才合力

乡村文化振兴需要一支高素质、专业化的文化人才队伍作为支撑。因此,我们需要加强人才队伍建设,通过引进和培养相结合的方式,打造一支结构合理、能力突出的文化人才队伍。同时,注重人才之间的协作和配合,形成人才合力,共同推动乡村文化振兴实践创新。

(三)创新人才引进机制,吸引优秀人才

优秀人才的引进是乡村文化振兴实践创新的关键。我们需要创新人才引

进机制，通过制定优惠政策和提供良好的发展环境，吸引更多的优秀人才投身乡村文化事业。同时，建立人才激励机制，对在乡村文化振兴中作出突出贡献的人才给予表彰和奖励，激发人才的创新活力和工作热情。

（四）加强人才培训和教育，提升人才素质

随着乡村文化振兴的深入推进，对文化人才的要求也越来越高。因此，我们需要加强人才培训和教育，不断提升文化人才的素质和能力。通过举办培训班、研讨会等活动，为文化人才提供学习和交流的平台；邀请专家学者进行授课和指导，帮助文化人才拓宽视野、提升水平；鼓励文化人才进行自主学习和自我提升，不断提高自身的专业素养和实践能力。

（五）建立人才评价和激励机制，激发人才创新活力

合理的人才评价和激励机制是激发文化人才创新活力的重要保障。我们需要建立科学、公正的人才评价体系，对文化人才的工作成果和贡献进行客观评价；同时，完善激励机制，通过物质奖励、精神激励等多种方式，激发文化人才的创新活力和工作积极性。此外，还可以建立人才流动机制，鼓励文化人才在乡村与城市之间、不同乡村之间进行交流与合作，促进文化资源的共享和优势互补。

文化人才培养机制创新是乡村文化振兴实践创新的核心动力。通过优化人才培养体系、加强人才队伍建设、创新人才引进机制、加强人才培训和教育以及建立人才评价和激励机制等方面的努力，我们可以为乡村文化振兴提供有力的人才保障，推动乡村文化的持续发展和创新。在未来的实践中，我们应继续深化对文化人才培养机制创新的研究和探索，为乡村文化振兴实践创新注入更多的活力和动力。

第四节　乡村文化振兴的保障措施与支持体系

一、资金投入与政策支持

乡村文化振兴实践创新，离不开充足的资金投入和政策支持。这两者是

推动乡村文化事业发展的重要保障，也是激发乡村文化创新活力的关键因素。

（一）加大资金投入，夯实乡村文化振兴的物质基础

资金是乡村文化振兴实践创新的重要物质基础。充足的资金能够确保乡村文化活动的顺利开展，推动乡村文化设施的建设和完善，提升乡村文化服务的质量和水平。因此，政府应加大对乡村文化振兴的资金投入力度，通过设立专项资金、提供财政补贴等方式，为乡村文化事业提供稳定的资金来源。同时，还应积极引导社会资本进入乡村文化领域，鼓励企业、社会组织和个人等多元主体参与乡村文化振兴，形成多元化的资金投入格局。

（二）完善政策支持，优化乡村文化振兴的发展环境

政策支持是乡村文化振兴实践创新的重要保障。政府应制定和完善相关政策，为乡村文化振兴提供有力的制度保障。这包括出台扶持乡村文化产业发展的政策，如税收优惠、资金扶持等，降低文化企业的经营成本，激发其创新活力；制定乡村文化人才培养政策，如设立奖学金、提供就业创业支持等，吸引更多人才投身乡村文化事业；加强乡村文化市场监管，规范市场秩序，维护公平竞争的环境。此外，政府还应加强与乡村地区的沟通协作，深入了解乡村文化的实际需求和发展瓶颈，制定更加贴近实际、符合乡村特点的政策措施。

（三）创新投入机制，提升资金使用效益和政策实施效果

在加大资金投入和完善政策支持的同时，还应注重创新投入机制，提升资金使用效益和政策实施效果。这包括建立科学的资金分配和使用机制，确保资金能够精准投入到乡村文化振兴的关键领域和薄弱环节；加强资金监管和绩效评估，确保资金使用的合规性和有效性；推动政策创新和机制创新，如探索文化金融合作新模式、建立文化产权交易平台等，为乡村文化振兴提供更多的创新动力和发展空间。

资金投入与政策支持是乡村文化振兴实践创新的强大后盾。通过加大资金投入、完善政策支持和创新投入机制等多方面的努力，我们可以为乡村文化振兴提供坚实的物质基础和制度保障，推动乡村文化事业实现快速发展和创新突破。在未来的实践中，我们应继续深化对资金投入与政策支持的研究和探索，为乡村文化振兴实践创新注入更多的活力和动力。

二、基础设施建设与完善

在乡村文化振兴的实践创新中，基础设施建设与完善扮演着至关重要的角色。它不仅为乡村文化活动的顺利开展提供了物质保障，更是推动乡村文化事业持续发展的重要基石。

（一）加强文化设施建设，提升乡村文化服务功能

文化设施是乡村文化活动的重要载体，其建设水平直接影响到乡村文化服务的质量和效果。因此，我们需要加强乡村文化设施建设，完善文化服务网络。具体而言，可以建设集图书馆、展览馆、剧院等多功能于一体的综合文化服务中心，为村民提供多样化的文化服务；同时，在村级层面，可以建设文化广场、文化活动室等基础设施，满足村民日常文化活动的需求。

（二）完善文化信息网络，推动乡村文化数字化发展

随着信息技术的快速发展，数字化已经成为推动乡村文化振兴的重要手段。我们需要完善乡村文化信息网络，推动乡村文化数字化发展。具体而言，可以建设乡村文化数字化平台，将乡村文化资源进行数字化处理，实现资源共享和远程服务；同时，加强乡村地区的网络基础设施建设，提高网络覆盖率和网络速度，为村民提供更加便捷的文化信息获取方式。

（三）优化文化空间布局，打造乡村文化特色品牌

乡村文化振兴需要注重文化空间的优化布局，打造具有地方特色的文化品牌。我们可以通过规划设计，将乡村文化元素融入村庄建设之中，形成具有独特魅力的文化景观；同时，结合当地的文化资源，打造特色文化节庆活动，吸引游客前来体验乡村文化的魅力。这样不仅可以提升乡村文化的知名度和影响力，还能为乡村经济发展注入新的活力。

（四）强化设施维护与管理，确保乡村文化设施长效运营

乡村文化设施的维护与管理是确保其长效运营的关键。我们需要建立健全乡村文化设施的维护与管理机制，定期进行检查和维修，确保设施的正常运行；同时，加强对设施使用情况的监管，防止设施被滥用或损坏。此外，还可以通过引入市场化运作机制，吸引社会资本参与乡村文化设施的运营和

管理，提高设施的使用效率和服务水平。

基础设施建设与完善是乡村文化振兴实践创新的重要基石。通过加强文化设施建设、完善文化信息网络、优化文化空间布局以及强化设施维护与管理等多方面的努力，我们可以为乡村文化振兴提供坚实的物质基础和保障，推动乡村文化事业实现持续、健康、快速发展。在未来的实践中，我们应继续深化对基础设施建设与完善的研究和探索，为乡村文化振兴实践创新注入更多的活力和动力。

三、法律法规保障与监管

在乡村文化振兴实践创新的道路上，法律法规的保障与监管发挥着至关重要的作用。它们为乡村文化的发展提供了明确的指导和规范，确保乡村文化振兴能够在法治的轨道上稳步前行。

（一）制定与完善法律法规，为乡村文化振兴提供制度保障

法律法规是乡村文化振兴实践创新的制度基础。为了推动乡村文化的健康发展，我们必须制定和完善相关的法律法规。这包括明确乡村文化发展的目标、原则和任务，规定文化资源的保护、利用和开发方式，以及文化活动的组织、管理和监督等方面的内容。通过法律法规的制定，我们可以为乡村文化振兴提供明确的制度保障，确保各项政策措施能够得到有效落实。

同时，我们还应关注法律法规的时效性和适应性。随着乡村文化振兴实践的不断深入，可能会出现新的问题和挑战。因此，我们需要及时修订和完善法律法规，以适应乡村文化发展的新形势和新要求。

（二）加强执法力度，确保法律法规得到有效执行

有了完善的法律法规，还需要加强执法力度，确保它们能够得到有效执行。各级政府和文化主管部门应加大对乡村文化市场的监管力度，依法打击各类违法违规行为，维护乡村文化市场的秩序和公平竞争。同时，还应建立健全执法协作机制，加强部门之间的沟通与协作，形成合力，共同推动乡村文化振兴实践创新的深入发展。

此外，我们还应加强对执法人员的培训和教育，提高他们的法律素养和执法能力。通过加强对执法人员的培训和教育，我们可以确保他们能够更好

地理解和执行法律法规，为乡村文化振兴提供有力的执法保障。

（三）强化法律宣传与教育，提升乡村文化振兴的法律意识

法律法规的保障与监管不仅要求政府和相关部门的努力，还需要广大乡村群众的支持和参与。因此，我们应加强法律宣传与教育，提升乡村群众对文化振兴法律法规的认识和理解。通过举办法律讲座、发放宣传资料等方式，向乡村群众普及文化振兴相关的法律知识，引导他们自觉遵守法律法规，积极参与乡村文化振兴实践创新。

同时，我们还应注重培养乡村群众的法律意识和法治观念。通过宣传法治精神、弘扬法治文化等方式，让乡村群众深刻认识到法治在乡村文化振兴中的重要作用，自觉维护法治秩序，为乡村文化振兴营造良好的法治环境。

法律法规保障与监管是乡村文化振兴实践创新的坚强后盾。通过制定与完善法律法规、加强执法力度以及强化法律宣传与教育等多方面的努力，我们可以为乡村文化振兴提供坚实的法治保障，推动乡村文化事业在法治的轨道上实现持续、健康、快速发展。

四、社会参与与共建共享

乡村文化振兴实践创新不仅需要政府的引导和支持，更需要社会各界的广泛参与和共建共享。这种社会参与和共建共享的模式，不仅能够汇聚更多的资源和智慧，推动乡村文化事业的繁荣发展，还能够增强乡村社会的凝聚力和向心力，促进乡村社会的全面进步。

（一）引导多元主体参与，激发社会活力

乡村文化振兴实践创新需要引导多元主体参与，包括企业、社会组织、个人等。企业可以通过投资文化产业、开展文化公益活动等方式参与乡村文化建设；社会组织可以发挥自身优势，组织文化活动、提供文化服务，推动乡村文化事业的发展；个人则可以通过捐赠、志愿服务等方式为乡村文化建设贡献力量。通过引导多元主体参与，可以激发社会活力，为乡村文化振兴注入新的动力。

（二）推动文化资源共享，促进均衡发展

乡村文化振兴实践创新需要推动文化资源共享，实现城乡文化均衡发展。通过建设文化资源共享平台，将城市优质文化资源引入乡村，满足乡村群众的精神文化需求；同时，挖掘乡村本土文化资源，打造特色文化品牌，推动乡村文化产业的发展。这种资源共享的模式，不仅能够缩小城乡文化差距，还能够促进乡村文化的传承和创新。

（三）加强社会监督与评价，确保共建质量

为了确保乡村文化振兴实践创新的社会参与和共建共享取得实效，需要加强社会监督与评价。通过建立完善的监督机制，对参与共建的各方进行约束和规范，确保其按照既定目标和要求开展活动；同时，建立科学的评价体系，对共建成果进行客观评估，及时反馈问题和不足，推动共建活动的持续改进和优化。这种社会监督与评价机制，能够确保共建活动的质量和效果，提升乡村文化振兴的整体水平。

（四）培育乡村文化自信，实现文化自强

乡村文化振兴实践创新的核心目标是培育乡村文化自信，实现文化自强。通过广泛的社会参与和共建共享，可以让乡村群众更加深入地了解自己的文化传统和历史底蕴，增强对本土文化的认同感和自豪感；同时，也能够吸引更多的外部关注和资源投入，推动乡村文化的创新发展。这种文化自信和自强的实现，将为乡村社会的全面进步提供强大的精神支撑和文化保障。

社会参与与共建共享是乡村文化振兴实践创新的关键动力。通过引导多元主体参与、推动文化资源共享、加强社会监督与评价以及培育乡村文化自信等多方面的努力，我们可以汇聚更多的资源和智慧，推动乡村文化事业的繁荣发展，实现乡村社会的全面进步。在未来的实践中，我们应继续深化对社会参与与共建共享的研究和探索，为乡村文化振兴实践创新注入更多的活力和动力。

五、评价与反馈机制的建立

在乡村文化振兴实践创新的过程中，评价与反馈机制的建立至关重要。它不仅能够衡量实践创新的效果，还能为未来的工作提供指导和改进方向。

（一）明确评价目标与标准，确保评价的科学性

评价与反馈机制的首要任务是明确评价目标与标准。我们需要根据乡村文化振兴的实践创新目标，制定相应的评价标准，确保评价的科学性和客观性。这些标准应涵盖文化活动的质量、参与度、影响力等多个方面，以全面反映实践创新的成效。

（二）建立多元化评价体系，反映不同利益主体的需求

乡村文化振兴涉及多个利益主体，包括政府、村民、文化机构等。因此，我们需要建立多元化的评价体系，充分反映不同利益主体的需求和期望。通过收集各方面的意见和建议，我们可以更全面地了解实践创新的优点和不足，为改进工作提供有力支持。

（三）加强数据收集与分析，提升评价的精准性

数据是评价与反馈机制的基础。我们需要加强数据收集与分析工作，确保评价的精准性。通过收集实践创新过程中的各类数据，如活动参与人数、资金投入、文化产品销量等，我们可以进行深入分析，找出实践创新中的亮点和不足，为未来的工作提供数据支持。

（四）及时反馈评价结果，促进持续改进

评价与反馈机制的核心在于及时将评价结果反馈给相关单位和个人，以促进其持续改进。我们需要建立有效的反馈渠道，确保评价结果能够迅速传达给相关方面。同时，我们还应鼓励相关单位和个人积极回应评价结果，制定改进措施，推动实践创新的不断发展。

（五）注重评价结果的应用与推广，扩大实践创新的影响力

评价与反馈机制不仅是为了衡量实践创新的效果，更是为了推动实践创新的深入发展。因此，我们需要注重评价结果的应用与推广。通过总结实践创新的成功经验和典型案例，我们可以为其他地区的乡村文化振兴提供借鉴和参考。同时，我们还可以将评价结果纳入相关政策制定和决策过程中，为乡村文化振兴提供有力支持。

评价与反馈机制的建立是乡村文化振兴实践创新持续发展的关键保障。通过明确评价目标与标准、建立多元化评价体系、加强数据收集与分析、及

时反馈评价结果以及注重评价结果的应用与推广等多方面的努力,我们可以确保乡村文化振兴实践创新取得实效,并为未来的工作提供有力的指导和支持。在未来的实践中,我们应继续深化对评价与反馈机制的研究和探索,为乡村文化振兴实践创新注入更多的活力和动力。

第五节 乡村文化振兴的美好愿景与期待

一、文化繁荣与乡风文明

在乡村文化振兴的实践中,文化繁荣与乡风文明是相辅相成、相互促进的两个方面。它们共同构成了乡村文化振兴实践创新的基石,为乡村社会的全面进步提供了强大的精神动力和文化支撑。

(一)文化繁荣:乡村文化振兴的实践成果

文化繁荣是乡村文化振兴的直接体现,也是实践创新的重要成果。在乡村文化振兴的过程中,我们注重挖掘和传承乡村本土文化,推动乡村文化产业的创新发展。通过举办各类文化活动、建设文化设施、培育文化人才等举措,我们让乡村文化焕发出新的活力,实现了文化的繁荣与发展。

这种文化繁荣不仅体现在文化活动的丰富多彩上,更体现在乡村群众精神面貌的焕然一新上。随着文化活动的深入开展,乡村群众的文化素养得到了提升,他们的精神生活更加充实,对美好生活的向往更加强烈。这种文化繁荣为乡村社会的和谐稳定奠定了坚实的基础。

(二)乡风文明:乡村文化振兴的内在要求

乡风文明是乡村文化振兴的内在要求,也是乡村社会全面进步的重要标志。在乡村文化振兴的实践中,我们注重培育文明乡风、良好家风、淳朴民风,推动乡村社会的道德建设。通过加强宣传教育、树立典型榜样、完善村规民约等方式,我们引导乡村群众树立正确的价值观念,养成良好的行为习惯,形成积极向上的社会风气。

乡风文明的建设不仅提升了乡村群众的道德水平,也促进了乡村社会的和谐稳定。在文明乡风的熏陶下,乡村群众更加注重邻里和睦、家庭和谐,积极参与公共事务,共同维护乡村社会的良好秩序。这种乡风文明为乡村社会的可持续发展提供了有力的精神保障。

(三)文化繁荣与乡风文明的相互促进

文化繁荣与乡风文明是相互促进、相互依存的。一方面,文化繁荣为乡风文明的建设提供了有力的支撑。通过文化活动的深入开展和文化产业的创新发展,我们为乡村群众提供了丰富的精神食粮,满足了他们对美好生活的追求,从而推动了乡风文明的提升。另一方面,乡风文明的建设也为文化繁荣创造了良好的社会环境。在文明乡风的熏陶下,乡村群众的文化素养得到了提升,他们更加积极地参与文化活动,推动文化产业的发展,从而实现了文化的持续繁荣。

文化繁荣与乡风文明是乡村文化振兴实践创新的基石。在未来的实践中,我们应继续深化对文化繁荣与乡风文明的认识和理解,加强二者的互动与融合,推动乡村文化振兴实践创新的不断深入发展。通过持续的努力和实践,我们相信乡村文化一定能够焕发出更加绚丽的光彩,为乡村社会的全面进步贡献更大的力量。

二、乡村居民精神生活丰富

(一)文化活动多样化,满足居民多元需求

随着乡村文化振兴的深入推进,各类文化活动如雨后春笋般涌现。这些活动涵盖了文艺演出、书法绘画、民俗节庆等多个领域,为乡村居民提供了丰富多样的选择。通过这些活动,居民们不仅能够欣赏到精彩的文艺表演,还能够亲身参与其中,感受文化的魅力。这种多样化的文化活动满足了乡村居民多元化的精神需求,让他们的精神生活更加充实。

(二)文化设施完善,提升居民文化体验

为了丰富乡村居民的精神生活,各地政府和社会力量加大了对文化设施的建设投入。如今,许多乡村都建起了图书馆、文化活动中心、文化广场等场所,为居民提供了良好的文化环境。这些设施的完善不仅提升了居民的文

化体验，也为他们提供了一个交流学习、休闲娱乐的平台。在这里，居民们可以阅读书籍、观看电影、参加讲座，享受文化带来的愉悦。

（三）文化教育普及，提高居民文化素养

文化教育是提高乡村居民文化素养的重要途径。在乡村文化振兴实践中，各级政府和文化机构积极开展文化教育普及活动，通过举办讲座、培训班等形式，向居民传授文化知识，提高他们的文化素养。这些活动不仅让居民们了解到了更多的历史文化知识，也激发了他们对文化的热爱和追求。通过文化教育的普及，乡村居民的精神生活得到了进一步的丰富和提升。

（四）文化传承创新，激发居民文化自豪感

乡村文化是乡村居民精神生活的重要组成部分。在乡村文化振兴实践中，我们注重挖掘和传承乡村本土文化，通过创新方式将其发扬光大。这种文化传承与创新不仅让乡村居民更加深入地了解自己的文化根源，也激发了他们对本土文化的自豪感和归属感。当居民们看到自己的文化在舞台上绽放光彩，他们的内心会充满喜悦和自豪，这种情感将进一步丰富他们的精神生活。

（五）文化产业发展，拓宽居民精神生活领域

文化产业的快速发展为乡村居民的精神生活注入了新的活力。随着乡村文化振兴的深入推进，越来越多的文化产业项目落户乡村，为居民提供了更多的文化产品和服务。这些项目不仅丰富了居民的文化消费选择，也为他们提供了一个展示自我、实现价值的舞台。通过参与文化产业的发展，乡村居民的精神生活得到了进一步拓宽和深化。

乡村居民精神生活的丰富是乡村文化振兴实践创新的生动体现。通过多样化的文化活动、完善的文化设施、普及的文化教育、传承创新的文化以及快速发展的文化产业，我们为乡村居民打造了一个丰富多彩的精神世界。在未来的实践中，我们应继续深化对乡村居民精神生活的研究和探索，推动乡村文化振兴实践创新不断取得新的成果。

三、乡村文化特色鲜明

在乡村文化振兴的实践创新中，保持并彰显乡村文化的特色是至关重要

的。乡村文化的特色不仅代表了乡村的历史和传统，更是乡村发展的独特资源和优势。

（一）深入挖掘本土文化资源，彰显独特魅力

乡村文化的魅力在于其独特性和本土性。在乡村文化振兴的过程中，我们深入挖掘本土文化资源，包括历史遗迹、传统技艺、民俗风情等，通过保护和传承这些资源，让乡村文化焕发出独特的魅力。我们举办各种文化活动，如传统节庆、民间艺术表演等，展示乡村文化的独特魅力，吸引更多人的关注和参与。

（二）传承与创新相结合，打造文化新品牌

在保持乡村文化特色的同时，我们也注重传承与创新的结合。我们鼓励和支持乡村文化工作者在传承传统文化的基础上，进行创新和发展，打造具有乡村特色的文化新品牌。这些新品牌不仅继承了传统文化的精髓，还融入了现代元素，使乡村文化更加符合现代人的审美需求，增强了其吸引力和影响力。

（三）培育乡村文化人才，推动文化传承发展

乡村文化特色的彰显离不开文化人才的支撑。我们注重培育乡村文化人才，通过举办培训班、开展文化交流等方式，提高乡村居民的文化素养和创造力。同时，我们也积极引进外部文化人才，为乡村文化的发展注入新的活力和创意。这些人才成为乡村文化传承和发展的重要力量，推动乡村文化特色的不断彰显。

（四）加强文化设施建设，提升文化服务水平

为了更好地展示乡村文化特色，我们加强文化设施建设，提升文化服务水平。我们建设了乡村图书馆、文化活动中心等场所，为乡村居民提供了学习和交流的平台。同时，我们也加强文化服务的创新，通过数字化、网络化等手段，为乡村居民提供更加便捷、高效的文化服务。这些设施和服务为乡村文化特色的展示和传播提供了有力保障。

（五）加强对外交流与合作，扩大乡村文化影响力

乡村文化特色的彰显还需要加强对外交流与合作。我们积极组织乡村文化代表团参加各类文化交流活动，与其他地区的文化工作者进行交流和合作，学习借鉴他们的经验和做法。同时，我们也邀请外部文化团体和人才来乡村进行演出和交流，为乡村文化带来新的元素和活力。通过这些交流与合作，我们扩大了乡村文化的影响力，让更多的人了解和认识乡村文化的独特魅力。

乡村文化特色鲜明是乡村文化振兴实践创新的重要体现。通过深入挖掘本土文化资源、传承与创新相结合、培育乡村文化人才、加强文化设施建设以及加强对外交流与合作等措施，我们不断彰显乡村文化的特色魅力，推动乡村文化的繁荣发展。在未来的实践中，我们应继续深化对乡村文化特色的研究和探索，不断创新发展方式和手段，让乡村文化在乡村振兴中发挥更大的作用。

四、乡村文化与其他文化交融发展

在乡村文化振兴的实践创新中，乡村文化与其他文化的交融发展是一个不可忽视的重要方面。这种交融不仅有助于丰富乡村文化的内涵和形式，更能推动乡村文化的现代化转型，提升其在当代社会中的影响力和竞争力。

（一）传统乡村文化与现代城市文化的对话与融合

传统乡村文化承载着深厚的历史底蕴和独特的乡土情怀，而现代城市文化则代表着时代的进步和都市的繁华。在乡村文化振兴的过程中，我们积极推动传统乡村文化与现代城市文化的对话与融合，旨在实现两种文化的互补与共生。通过举办城乡文化交流活动、建设城乡文化共享平台等方式，我们让乡村居民能够接触到更多的现代文化元素，同时也让城市居民感受到乡村文化的独特魅力。这种对话与融合不仅丰富了乡村文化的内涵，也促进了城乡文化的相互理解和尊重。

（二）乡村文化与民族文化的交融共生

我国是一个多民族国家，各民族文化丰富多彩、各具特色。在乡村文化振兴实践中，我们注重乡村文化与民族文化的交融共生，通过挖掘和传承各民族在乡村地区的文化遗产，推动乡村文化的多元化发展。我们鼓励和支持

各民族在乡村地区开展文化交流活动，如民族节庆、民族艺术表演等，让乡村居民能够亲身感受到不同民族文化的独特魅力。这种交融共生不仅丰富了乡村文化的内涵和形式，也增强了各民族之间的团结和友谊。

（三）乡村文化与外来文化的互动与交流

在全球化的背景下，外来文化对乡村文化的影响日益显著。我们积极面对这一挑战，以开放包容的态度推动乡村文化与外来文化的互动与交流。我们引进国外先进的文化理念和管理经验，提升乡村文化的创新能力和发展水平。同时，我们也通过举办国际文化交流活动、推动乡村文化产品走向世界等方式，让乡村文化在更广阔的舞台上展现其独特魅力。这种互动与交流不仅拓宽了乡村文化的视野和领域，也提升了其在国际上的知名度和影响力。

（四）乡村文化与科技文化的深度融合

科技文化是当代社会发展的重要推动力量，为乡村文化的振兴提供了无限可能。我们积极推动乡村文化与科技文化的深度融合，利用现代科技手段创新乡村文化的传播方式和表现形式。通过数字化、网络化等技术手段，我们打造乡村文化数字平台，让乡村文化产品能够更便捷地传播到世界各地。同时，我们也运用现代科技手段对乡村文化遗产进行保护和修复，让其在新的时代背景下焕发出新的生机和活力。这种深度融合不仅提升了乡村文化的传播效率和影响力，也为其注入了新的活力和创意。

乡村文化与其他文化的交融发展是乡村文化振兴实践创新的重要路径。通过传统乡村文化与现代城市文化的对话与融合、乡村文化与民族文化的交融共生、乡村文化与外来文化的互动与交流以及乡村文化与科技文化的深度融合等方式，我们实现了乡村文化的多元化发展和现代化转型。在未来的实践中，我们应继续深化对乡村文化与其他文化交融发展的研究和探索，不断创新发展方式和手段，推动乡村文化在乡村振兴中发挥更大的作用。同时，我们也应注重在交融发展中保持乡村文化的独特性和本土性，让其在与其他文化的交流中不断焕发出新的光彩。

五、乡村文化成为乡村振兴的重要支撑

在乡村振兴的宏伟蓝图中，乡村文化不仅是其不可或缺的重要组成部分，

更是推动乡村振兴持续发展的深层动力和重要支撑。乡村文化的振兴实践创新，不仅丰富了乡村居民的精神文化生活，更在多个层面为乡村振兴注入了强大的生命力。

（一）乡村文化凝聚人心，强化乡村振兴的社会基础

乡村文化承载着乡村社会的历史记忆和共同价值，是乡村居民情感认同和精神归属的重要源泉。通过举办各类文化活动、传承乡村文化传统，我们能够激发乡村居民的归属感和自豪感，增强他们的凝聚力和向心力。这种凝聚人心的力量，为乡村振兴提供了坚实的社会基础，使乡村居民能够更加积极地投身到乡村振兴的伟大事业中。

（二）乡村文化激发创新活力，推动乡村产业振兴

乡村文化蕴含着丰富的创意资源，是乡村产业创新发展的重要源泉。通过深入挖掘乡村文化资源，我们可以开发出具有地域特色和文化内涵的乡村文化产品，推动乡村文化创意产业的发展。同时，乡村文化还可以与乡村旅游、休闲农业等产业相结合，创造出更多元化的乡村经济业态，为乡村产业的振兴注入新的活力。

（三）乡村文化提升乡村形象，助力乡村品牌打造

乡村文化是乡村形象的重要组成部分，是乡村品牌打造的重要资源。通过挖掘和传承乡村文化，我们可以塑造出具有独特魅力的乡村品牌形象，提升乡村的知名度和美誉度。这种品牌形象的提升，有助于吸引更多的游客和投资者，推动乡村经济的发展和繁荣。

（四）乡村文化促进乡村治理，构建和谐乡村社会

乡村文化是乡村社会规范和行为准则的重要来源，对于促进乡村治理、构建和谐乡村社会具有重要意义。通过弘扬乡村文化中的优秀传统和道德观念，我们可以引导乡村居民树立正确的价值观和行为规范，推动乡村社会的文明进步和和谐发展。同时，乡村文化还可以为乡村治理提供文化支撑和智力支持，推动乡村治理体系和治理能力现代化。

（五）乡村文化丰富教育资源，促进乡村教育振兴

乡村文化是乡村教育的重要资源，对于提升乡村教育质量、培养乡村人才具有重要意义。通过将乡村文化融入教育教学中，我们可以丰富教育内容、创新教育方式，提高乡村教育的吸引力和实效性。同时，乡村文化还可以为乡村青少年提供丰富的精神食粮，培养他们的文化素养和创新能力，为乡村的未来发展储备人才力量。

（六）乡村文化传承历史记忆，守护乡村文化根脉

乡村文化是乡村历史记忆和文化根脉的重要载体，对于传承乡村历史、守护乡村文化根脉具有重要意义。通过保护和传承乡村文化，我们可以让乡村居民更好地了解自己的历史和文化传统，增强他们的文化自信和文化自觉。同时，乡村文化的传承还可以为乡村的未来发展提供文化支撑和精神动力，推动乡村文化的持续发展和繁荣。

乡村文化在乡村振兴中发挥着重要的支撑作用。通过凝聚人心、激发创新活力、提升乡村形象、促进乡村治理、丰富教育资源以及传承历史记忆等多个方面的作用，乡村文化为乡村振兴提供了强大的动力和支撑。在未来的实践中，我们应继续深入挖掘乡村文化的价值内涵，推动乡村文化振兴实践创新，让乡村文化在乡村振兴中发挥更大的作用。同时，我们还应注重在乡村振兴过程中保护和传承乡村文化，守护好乡村的文化根脉和历史记忆，为乡村的可持续发展注入源源不断的文化动力。

参考文献

[1] 张宁著.乡村文化振兴的构建及有效形式探索[M].长春：吉林人民出版社,2019.12.

[2] 林拓著.乡村文化振兴 城乡与内生发展[M].商务印书局,2023.01.

[3] 张占仓,李乔主编.乡村振兴与中原孝文化传承弘扬创新[M].郑州：河南人民出版社,2023.03.

[4] 徐月萍,张建琴著.乡村振兴背景下乡村群众文化阵地建设[M].南昌：江西高校出版社,2019.12.

[5] 刘社瑞著.乡村振兴战略中新乡贤文化建构研究[M].长沙：湖南大学出版社,2020.09.

[6] 王中华著,廖开兰著.全面乡村振兴过程中的乡村教师文化研究[M].中国财富出版社,2022.09.

[7] 怀康著.乡村振兴视域下的乡村旅游与乡土文化传承研究[M].中国原子能出版社,2021.09.

[8] 董建义,张金秀著.乡村振兴背景下传统村落文化的价值与利用研究[M].太原：山西经济出版社,2022.10.

[9] 冯丕红.乡村文化振兴的调查与研究[M].北京：北京出版社,2023.06.

[10] 龙文军,张灿强,张莹,郭金秀著.乡村文化振兴的路径探索[M].北京：中国农业出版社,2022.01.

[11] 沈晔冰编著.文化产业与乡村振兴[M].杭州：浙江教育出版社,2018.07.

[12] 朱冬亮,王红卓,刘洋著.乡村文化振兴实践研究[M].厦门：福建鹭江出版社,2021.06.

[13] 李朝阳,王东作.新时代背景下乡村文化振兴与环境设计对策研究

[M].北京：中国建筑工业出版社,2021.03.

[14]单晓辉.乡村振兴背景下文化振兴研究[M].北京：线装书局,2022.

[15]熊帝兵著.农耕文化与乡村振兴[M].合肥：合肥工业大学出版社,2020.04.

[16]娄娜,王海荣,段亚芳.乡村旅游文化振兴的发展与建设研究[M].北京：九州出版社,2023.

[17]钟祥虎著.乡村振兴战略下的乡村文化建设研究[M].北京：新华出版社,2023.06.

[18]宝娟.基于地域文化的乡村振兴设计研究[M].哈尔滨：黑龙江科学技术出版社,2022.06.

[19]李秀金.乡村振兴战略背景下的乡村文化治理研究[M].北京：中国社会出版社,2022.11.

[20]胡丽美.乡村振兴中乡村文化自信的重建研究[M].长春：吉林大学出版社,2022.

[21]王玲玲.推进乡村文化振兴[J].中共合肥市委党校学报,2021,(第4期)：39-44.

[22]蒋亚楠,赵月.乡村文化振兴的价值意蕴和优化路径[J].农村.农业.农民,2024,(第6期).

[23]曹延涢,张烨.新时代乡村文化振兴研究[J].现代商贸工业,2024,(第3期)：13-15.

[24]张森.乡村文化振兴的实质与推进思路[J].人民论坛,2023,(第17期)：104-109.

[25]李心悦,杨艳.乡村文化振兴的现实解释与路径选择[J].现代农业研究,2023,(第12期)：40-43.

[26]寇涵,刘扬.乡村文化振兴的价值意蕴及优化路径[J].经济研究导刊,2023,(第9期)：19-21.

[27]刘亚波,周东妮.新时代乡村文化振兴的现实思考[J].三晋基层治理,2023,(第6期)：27-33.